**Arnd Götzelmann: Wirtschaftsethik Workshop kompakt**

gewidmet meinem Vater Jürgen Götzelmann, Diplom-Kaufmann
und meiner Mutter Irmgard Götzelmann, geb. Ding, Industrie-Kaufmann

Arnd Götzelmann

# Wirtschaftsethik Workshop kompakt

Ein Studien- und Arbeitsbuch zur Einführung in die ökonomische Ethik

Bibliografische Informationen der Deutschen Nationalbibliothek

Die Deutsche Nationalbibliothek verzeichnet diese Publikation in der Deutschen Nationalbibliografie; detaillierte bibliografische Daten sind im Internet über http://dnb.d-nb.de abrufbar.

Herstellung und Verlag: Books on Demand GmbH, Norderstedt, 2010
Umschlaggestaltung, Layout und Satz: Arnd Götzelmann
Foto auf der Titelseite – Skyline of Toronto: Tim Götzelmann

ISBN: 978-3-8391-4674-3

# INHALT

# EINFÜHRUNG

## *Wirtschaft und Unternehmen moralisch gut gestalten*

Dieses Büchlein möchte Studierenden wirtschaftswissenschaftlicher Studiengänge und Praktikern in Unternehmen sowie ökonomisch Interessierten ethische Denkanregungen und Praxishilfen für das Wirtschaftsleben an die Hand geben.

Der Begriff *Wirtschaft* steht in diesem Buch für die Gesamtheit der Institutionen und Maßnahmen, Organisationen und Prozesse, die sich auf die Produktion und den Konsum von Gütern beziehen. In erster Linie kommen dabei erwerbs- oder privatwirtschaftliche Unternehmen, Betriebe und Kontexte in den Blick.
*Ethik* meint hier die praxisorientierte wissenschaftliche Reflexion sittlicher Fragen und moralischer Entscheidungen.

*Wirtschaftsethik* dient im folgenden zum einen *im weiteren Sinne* als *Oberbegriff* für das moralische bzw. wertorientierte Verhalten im ökonomischen Handeln, sei es als politisch Verantwortliche, als Manager/innen, als Mitarbeitende eines Unternehmens oder als Konsumenten. Zum anderen bezieht sich der Terminus *Wirtschaftsethik im engeren Sinn* auf das globale und nationale ökonomische Handeln, was traditionell in die Fachgebiete der Volkswirtschaftslehre und der Wirtschaftspolitik gehört. *Unternehmensethik* thematisiert das ökonomische Handeln auf einer mittleren Ebene, nämlich der der Unternehmen, Betriebe und Firmen. Auf der untersten, individuellen Ebene gehört zur Wirtschaftsethik die Management- oder *Führungsethik* ebenso wie die *Mitarbeiter- und Konsumentenethik*, die das wirtschaftliche Handeln der Einzelperson betrachtet.

Die *Leitfragestellung* des Buches lässt sich in Anlehnung an den evangelischen Wirtschaftsethiker Arthur Rich etwa folgendermaßen formulieren: Wie können das „Sachgemäße" und das „Menschengerechte" in der ökonomischen Praxis zur „Lebensdienlichkeit" des Wirtschaftens zusammengeführt werden? Oder kurz: Was ist fachlich kompetente und zugleich moralisch gute ökonomische Praxis? Die sozialen Folgen des Wirtschaftens und die Einflussmöglichkeiten des Einzelnen auf förderliche wie destruktive Nebenwirkungen von Wirtschaftsprozessen sollen dabei mit bedacht werden.

Die *systematische Anlage* dieses Buches basiert auf der Dreiteilung von theoretischen *Grundlagen,* konzeptionellen *Ansätzen* und aktuellen *Praxisfeldern ökonomischer Ethik*, wobei die drei Hauptteile sich als gegenseitig durchdringende

Zugänge verstehen. So will der Theorieteil zu den Konzeptansätzen und den Praxisfeldern hinführen, indem er sofort den Fall- und Problembezug zu ökonomischen Fragen einbezieht, zunächst aber in deduktiver Weise von der allgemeinen Theorie ethischer Reflexion auf die besonderen Fälle der Wirtschaftsethik ableitet. Der zweite, konzeptionelle Teil setzt sich mit Fragen von Markt und Moral auseinander. Der Praxisteil rekurriert wiederum in induktiver Weise vom Einzelfall auf das Theoretisch-Konzeptionelle der ersten beiden Teile. Insgesamt will der Band eine leicht verständliche und komplexitätsreduzierende *Einführung in wirtschafts- und unternehmensethische Fragen* und Probleme geben, die auf zu weitgehende und überabstrakte Theoriediskurse verzichtet. Er richtet sich somit letztlich an der praktischen Anwendbarkeit aus und beteiligt sich nicht an akademischen „Elfenbeinturm"-Debatten.

Wie im Titel signalisiert, basiert das Buch auf der Idee des *Workshops*. Denn zum einen sind Vorformen des Buches in Wochenend-Workshops für Betriebswirtschaftsstudierende von mir entwickelt und eingesetzt worden, zum anderen sollen Fallbeispiele, Anregungen zur Diskussion und für Gruppenarbeiten, vertiefende Fragen und weiterführende Texte (im Anhang) den Band didaktisch für eine Workshop-Situation fruchtbar machen. Letztlich sind wir als Lehrende und Studierende, als Autor und Leser/innen auf je eigene Weise Lernende in Sachen Wirtschafts- und Unternehmensethik. So erhebt das Buch auch keinen Anspruch auf enzyklopädische Abhandlung seines Themas, sondern bescheidet sich workshopähnlich mit exemplarischen Einführungen und Anregungen.

Zu Beginn aller Kapitel finden sich *Zitate*. Sie wurden auf die Aufgabe hin: „Was verstehen Sie unter Wirtschaftsethik? Bitte schreiben Sie eine kurze Definition des Begriffs in 5 Minuten auf!" *von Studierenden* der beiden konsekutiven Masterstudiengänge Logistik und International Marketing Management an der Fachhochschule Ludwigshafen meiner Lehrveranstaltung Wirtschaftsethik in der ersten Sitzung im März 2009 spontan aufgeschrieben, bevor ich begann, Lehrstoff zu vermitteln. Sie sind meist unkorrigiert abgedruckt.

Mein *Dank* gilt diesen Master-Studierenden wie auch den Studierenden des Bachelorstudiengangs „Controlling, Management, Information", die mir im Zusammenhang des Workshops Wirtschafts- und Unternehmensethik Ende 2009 kritisch-konstruktive Rückmeldungen zur Textgestaltung gaben. Ebenso möchte ich Herrn Patrick Falkenberg für sein Korrekturlesen danken.

# I. GRUNDLAGEN DER ALLGEMEINEN UND ÖKONOMISCHEN ETHIK

## 1. Was ist Ethik

> „Definition Wirtschaftsethik: Nach allgemeingültigen gesellschaftlichen Wertvorstellungen gewissenhafter handeln."[1]

Für die ethische Reflexion des Wirtschaftshandelns und der Verantwortung als Wirtschaftsakteur erscheint es relevant, den Ethikbegriff zu klären. Er ist insbesondere von den beiden Begriffen Sitte und Moral abzuheben, selbst wenn es in der ethischen Fachliteratur kaum eine stringente, gemeinsame Verwendung der Begriffe gibt. Auch in diesem Buch wird insbesondere die Unterscheidung zwischen Moral und Ethik begrifflich schwer durchzuhalten sein, verschränken sich doch die Ebenen der kritischen Handlungsreflexion des Alltags und der wissenschaftlichen Bearbeitung immer wieder.

- *Sitte* (auch Moral): das, was man tut, weil man so hineinsozialisiert wurde und weil das soziale Umfeld die Normen vorgibt.

- *Moral* (auch: Sittlichkeit/Moralität; von lat.: mos, mores = Sitte, Gebrauch, Charakter): das, wozu ich mich als Handelnder entscheide in Übereinstimmung mit der umgebenden Sitte/Moral oder gegen sie.

- *Ethik* (von griech.: ethos = Gewohnheit, Sitte, Gebrauch; od. griech.: äthos = Charakter/Grundhaltung der Tugend): wissenschaftliche Reflexion sittlicher Fragen und moralischer Entscheidungen; Ethik hat Sitte und Moral zum Gegenstand.

*Drei ethische Frageperspektiven*
Ethik als praktische Philosophie hat nach Immanuel Kant stets zu tun mit drei grundlegenden Fragen, die wir hier in Anlehnung an Heinz Eduard Tödt (1988) reformulieren:

---

[1]    Studierendenzitat, das auf die Aufgabe hin: „Was verstehen Sie unter Wirtschaftsethik? Bitte schreiben Sie eine kurze Definition des Begriffs in 5 Minuten auf!" von Studierenden der beiden konsekutiven Masterstudiengänge Logistik und International Marketing Management an der Fachhochschule Ludwigshafen meiner Lehrveranstaltung Wirtschaftsethik in der ersten Sitzung am 24. März 2009 spontan aufgeschrieben wurde, bevor ich begann, Lehrstoff zu vermitteln.

- Wer bin ich? Wer sind wir?
  Hier geht es um Bestimmung und Sinn, um Selbstseinkönnen in sozialen Beziehungen, um Selbstwerdung und Selbsthingabe, um Werte und Güter.
- Was soll ich tun? Was sollen wir tun?
  Themen hier sind etwa der Entscheidungsdruck im privaten und beruflichen Alltagshandeln; Normen und Pflichten; Grundlagen und Ziele eines „guten Lebens"; Glück, Selbst- und Nächstenliebe; Freiheit.
- Wie kann ich leben? Wie können wir leben?
  Praktische Frage nach den Lebensmöglichkeiten spielen hier hinein: Was wir sollen, müssen wir auch können; Gesinnung; Tugenden; Gerechtigkeit, Barmherzigkeit, Gemeinschaft.

Drei ethische Grundfragen
(eigene Darstellung)

**Fragen zur Weiterarbeit und Diskussion**

1. Zum Zitat am Kapitelbeginn: Gibt es solche „allgemeingültigen gesellschaftlichen Wertvorstellungen", die wir unserem Handeln zugrunde legen können? Gelten sie gestern, heute und morgen ebenso wie an allen Orten?
2. Formulieren Sie Beispiele aus dem Alltagsleben, bei denen es um sittliches und moralisches Verhalten geht!
3. Formulieren Sie Beispiele aus dem Wirtschaftsleben, bei denen es um ethisch begründete bzw. reflektierte Entscheidungen geht!

## 2. Was ist Wirtschaftsethik

„Wirtschaftsethik umfasst die Kombination von Wirtschaft und Management mit ethischen Themen. Jedes Wirtschaftsunternehmen kommt in Kontakt mit seiner sozialen, kulturellen und politischen Umwelt. In diesem Rahmen müssen Unternehmen sich positionieren und Stellung nehmen zu ethischen Themen wie z.B. Religion, Randgruppen oder dem sozialen Klima innerhalb des Unternehmens."[2]

Drei ethische Bezugsebenen und die zugehörigen Begrifflichkeiten des Obergriffes Wirtschaftsethik (vgl. Einführungskapitel) lassen sich voneinander abheben: Die Wirtschafts-, die Unternehmens- und die Management-/Mitarbeiter-/Konsumentenethik. Hier können die drei ethischen Grundfragen jeweils spezifisch zugeordnet und ökonomisch ausgerichtet werden.

*Die Makroebene – Wirtschaftsethik*
Wirtschaftsethik umfasst die wissenschaftlich reflektierte Bearbeitung moralischer Fragen nach dem Menschen als wirtschaftlich Handelndem und Leidendem, den ökonomischen Entscheidungsprinzipien und der gesellschaftlichen Rahmenordnung sowie der persönlichen Lebensführung im Wirtschaftssystem:
- Wer bin ich bzw. wer sind wir als wirtschaftlich verantwortliche Person/en oder als Opfer wirtschaftlicher Prozesse?
- Was soll ich tun als ökonomisch handelnder Mensch? Wie sollen wir die Wirtschaftsordnung gestalten?
- Wie kann ich bzw. wie können wir leben unter den Bedingungen des Wirtschaftens?

Das ZEIT-Lexikon definiert Wirtschaftsethik (Zeitverlag 2005, Bd. 16, 307) folgendermaßen als „theoretische Reflexion über moralische Aspekte wirtschaftlichen Handelns und seine institutionellen Bedingungen, interdisziplinäres Teilgebiet der Wirtschaftswissenschaften und der Philosophie. Wenngleich Ökonomie und Ethik heute vielfach eher als Gegensätze denn als Ergänzung angesehen werden, gehören ethische Überlegungen seit jeher zu den Grundlagen der Wirtschaftstheorie. Die Problemfelder der Wirtschaftsethik erstrecken sich von der moralischen Dimension individuellen Handelns (z.B. Verbraucherethik) bis hin zu grundsätzlichen gesellschaftlichen Wert- und Zielvorstellungen, in die wirtschaftliches Handeln eingebunden ist."

---

[2] Spontandefinition des Begriffs „Wirtschaftsethik" eines/r Studierenden, vgl. Fußnote 1.

*Die Mesoebene – Unternehmensethik*
Unternehmensethik meint die wissenschaftlich reflektierte Bearbeitung moralischer Fragen nach dem Menschen als Teil eines Unternehmens, den betrieblichen Entscheidungsprinzipien, -prozessen und -institutionen sowie der Lebensführung im Unternehmen:

- Wer bin ich bzw. wer sind wir in diesem Unternehmen?
- Was soll ich tun als unternehmerisch (Mit-)Verantwortliche/r? Wie sollen wir den Betrieb oder andere Wirtschaftsorganisationen gestalten?
- Wie kann ich bzw. wie können wir leben im Gefüge des Unternehmens, seiner Prozesse und Institutionen?

Steinmann & Zerfass (1993, 1117) definieren Unternehmensethik wie folgt:
„Unternehmensethik ist eine Lehre von denjenigen idealen Normen, die dazu anleiten sollen, durch einen sozialverträglichen Gebrauch der unternehmerischen Handlungsfreiheit in der Marktwirtschaft einen eigenständigen Beitrag zur gesellschaftlichen Friedensstiftung zu leisten. Sie ist genauerhin eine Verfahrenslehre zur Gestaltung von Dialogprozessen, die dann durchgeführt werden sollen, wenn das Gewinnprinzip und das geltende Recht nicht in der Lage sind, Interessenkonflikte mit den internen und externen Bezugsgruppen des Unternehmens zu vermeiden oder friedlich beizulegen. Aus solchen Verständigungsprozessen sollen begründete Normen hervorgehen, die vom Unternehmen im Sinne einer Selbstverpflichtung in Kraft zu setzen sind."

*Die Mikroebene – Managementethik*
Managementethik bezeichnet die wissenschaftlich reflektierte Bearbeitung moralischer Fragen nach dem Menschen als Leitungsperson, den Entscheidungsprinzipien, -prozessen und -institutionen im Leitungshandeln sowie der Lebensführung als Manager/in:

- Wer bin ich bzw. wer sind wir als Leitung einer Unternehmung?
- Was soll ich bzw. was sollen wir als Managementverantwortliche/r tun, auf welchen Grundlagen kann ich / sollen wir Führungsentscheidungen treffen?
- Wie kann ich bzw. wie können wir als Manager leben?

Zimmerli & Aßländer (1996, 327f.) definieren für die Mikroebene der Unternehmensführung folgenden Ethik-Begiff: „Managementethik: Drei Problemkreise sind es, die im Zusammenhang von Ethik und Unternehmensführung eine herausragende Rolle spielen:

(1) Zum ersten sehen sich viele Manager einem Dilemma zwischen unternehmerischem Auftrag und moralischem Handeln ausgesetzt. So sollen sie zwar jederzeit das Überleben des Unternehmens garantieren und Dividende für ihre Anteilseigner erwirtschaften; andererseits wird seitens der Öffentlichkeit die Moral unternehmerischer Aktivitäten immer kritischer hinterfragt.
(2) Zweitens ergibt sich aus der Führungsposition zwangsläufig eine interne Verantwortung für die einzelnen Mitarbeiterinnen und Mitarbeiter und eine externe Verantwortung für Folgeschäden unternehmerischen Handelns.
(3) Drittens wird zunehmend die Forderung erhoben, Unternehmen seien bei der Fortschreibung und der gesetzlichen Verankerung moralischer Normen in besonderer Weise verpflichtet: Selbstbeschränkung rangiere vor staatlicher Kontrolle."

Zu dieser Mirkoebene gehören auch mitarbeiter- und konsumentenethische (vgl. Stehr 2007) Fragen und Probleme. Die Person kann Einfluss auf Struktur und Zielsetzung des Unternehmens und der Rahmenordnung nehmen. Umgekehrt wird die Einzelperson, auch als Führungspersönlichkeit, geprägt von systemischen Vorgaben im Unternehmen und auf staatlicher bzw. globaler Ebene, die ihre Möglichkeiten ethisch verantwortlich zu handeln sehr beschränken, ja konterkarieren können. Deshalb muss der/die Einzelne im Wirtschaftsleben unterscheiden können zwischen den Grenzen, die die eigene Rolle mit sich bringt, und den Möglichkeiten, die man trotzdem hat, Veränderungsprozesse auf höheren Ebenen mit anzustoßen. Den Mittelweg zwischen Selbstüberschätzung und Selbstunterschätzung gilt es je und je auszuloten und zu gestalten.

| Ebene / Gegenstand | Ethik | Verantwortungssubjekt |
|---|---|---|
| Makroebene: Gesellschaftliche und wirtschaftliche Rahmenordnung | Sozial- und Wirtschaftsethik | Einzelne und Kollektive: Staat, Politik, Recht, Zivilgesellschaft |
| Mesoebene: Unternehmen, Organisationen, Institutionen | Institutionen- bzw. Unternehmensethik | Einzelne und Kollektive: Unternehmen |
| Mikroebene: Einzelperson | Management-, Mitarbeiter-, Konsumenten- bzw. Indivualethik | Einzelne: Führungsperson, Manager/in, Mitarbeitende/r |

Gegenstandsbereiche und Verantwortungsebenen der Wirtschaftsethik
(eigene Darstellung)

**Aufgaben zur Weiterarbeit und Fallbeispiele für die Diskussion**

1. Diskutieren Sie das Studierendenzitat am Kapitelbeginn:
   Zu welchen Themen und wieso überhaupt müssen Unternehmen „Stellung nehmen zu ethischen Themen"?
   Wer nimmt Stellung – „das Unternehmen" selbst?

2. Inwiefern haben folgende Themen mit einer der drei ethischen Bezugsebenen zu tun:
   a) $CO^2$-Besteuerung / Emissionshandel
   b) Entlassung von Mitarbeitenden wegen Verstoßes gegen betriebliche Geheimhaltungspflichten
   c) Liberalisierung des Arbeitsrechtes
   d) Verlagerung von Produktionsstätten
   e) Benennung einer Gleichstellungsbeauftragten oder eines Ethics Officers

3. In welcher Hinsicht kann ein Kollektiv moralische Verantwortung übernehmen? Welche „Kollektive" gibt es in Unternehmen?

4. Gibt es Bereiche, die frei sind von moralischer Verantwortung der Einzelperson? Welche könnten das sein?

5. Aus welchen Gründen benötigt die Erwerbswirtschaft eine andere Ethik als das Wirtschaften in Haushalt und Familie?

## 3. Handlungstheorie

„Wirtschaftsethik befasst sich mit den Handlungen und Verhaltensweisen eines Menschen in einer Organisation und gibt dabei Leitlinien, wie sich ein Mensch verhalten soll, damit es zum Wohl aller ist."[3]

Der Gegenstand ethischer Reflexionen und Urteile ist das menschliche Handeln, der Gegenstand wirtschaftsethischer Urteile das ökonomische Handeln des Menschen. Deshalb benötigt Ethik eine Theorie des Handelns. Sie unterscheidet zunächst zwischen Handeln und Verhalten, auch wenn das umgangssprachlich nicht immer durchgehalten wird (vgl. Fenner 2008, 31-56).

| Handeln | Verhalten |
|---|---|
| Mentale bzw. bewusste Ursache *Bsp.: Ein Manager führt sein Unternehmen um des eigenen Vorteils willen in die Krise, so dass Mitarbeitende entlassen werden müssen.* | „physische" bzw. unbewusste Ursache *Bsp.: Ein Manager führt sein Unternehmen auf der Basis unvollständiger Informationen in die Krise, so dass Mitarbeitende entlassen werden müssen.* |
| Handlungsabsicht / -intention *Er tut es bewusst und mit Absicht.* | Fehlende Handlungsabsicht *Er tut es ohne Absicht.* |
| Handlungsziel und Mittel der Zielverfolgung *Er will einen seiner Ansicht nach zukünftig unwirtschaftlichen Unternehmensteil abbauen, damit den Aktienkurs und seine Aktienoptionen steigern.* | Ursache *Er war schlecht informiert und beraten, so dass er nicht bemerkte, welche negativen Konsequenzen seine Entscheidungen für die Mitarbeitenden haben würde.* |
| Freiwilligkeit / Vorsatz → Handlungsfolgen → Verantwortung beabsichtigte Folge: Teilabbau → in Kauf genommene Folge: *Verantwortungsübernahme wegen persönlicher Vorteilsnahme?* | Ereignishaftigkeit / Fahrlässigkeit / Unfall → Verhaltensfolgen → Verantwortung Unbeabsichtigte Folge: Entlassungen → u.U. unvermeidbare Folge: *Verantwortungsübernahme wegen Managementfehlers?* |

Handeln und Verhalten
(eigene Darstellung, angeregt durch Dagmar Fenner 2008)

Ethik beschäftigt sich in erster Linie mit absichtsvollen Handlungen. Sie unterscheidet diese im Blick auf die Verantwortungsübernahme von unabsichtlichem, „zufälligem" Verhalten. In einer abgestuften Hinsicht kann auch das unabsichtliche Verhalten Thema der Ethik sein. Denn wenn z.B. ein Manager durch sein

---

[3] Spontandefinition des Begriffs „Wirtschaftsethik" eines/r Studierenden, vgl. Fußnote 1.

Verhalten das Unternehmen in eine solche Krise hinein manövriert, dass Mitarbeitende in der Konsequenz entlassen werden müssen, so ist auch nach seiner Verantwortung zu fragen – jedoch in anderer Weise, als wenn er das Unternehmen absichtlich, etwa aus egoistischen Interessen, in die Krise geführt hätte.

In ethischer Perspektive macht es Sinn, zwischen Handeln, Unterlassen und Zulassen zu unterscheiden. Alles drei hat mit der Übernahme von Verantwortung zu tun, jedoch in gestuftem Maße.

| Handeln | Unterlassen | Zulassen |
|---|---|---|
| Jemand tut etwas absichtlich, freiwillig oder vorsätzlich. | Jemand tut etwas (un/willentlich, un/wissentlich) nicht, das er auch hätte tun können bzw. sollen. | Jemand tut etwas bewusst nicht, obwohl er die Situation und die Folgen seines Unterlassens korrekt erfasst und den unabhängig von seiner Person laufenden Kausalprozess stoppen könnte. |
| Ethisch relevante Fälle: Wenn es negative Folgen für mich oder andere hat. | Ethisch relevante Fälle: Wenn es negative Folgen für mich od. andere hat. Wenn ich etwas nicht tue, zu dem ich mich verpflichtet hatte oder das ich hätte tun sollen. | Ethisch relevante Fälle: Wie bei „Unterlassen", jedoch ethisch schärfer zu verurteilen. |
| Beispiel Werbung: Mediale „Verwendung" einer Person, die nichts davon weiß od. nicht zugestimmt hat. | Beispiel Werbung: Unterlassene Aufklärung darüber, dass es sich um ein Plagiat handelt. | Beispiel Werbung: Als Programmverantwortlicher weiß ich, dass mit einer Person geworben wird, die nicht zugestimmt hat und durch die Werbung in ihrem Persönlichkeits- und Selbstbestimmungsrecht verletzt sein wird, dennoch stoppe ich die Werbung nicht. |

Handeln, Unterlassen und Zulassen
(eigene Darstellung, angeregt durch Dagmar Fenner 2008)

Verschiedene Handlungsfolgen ziehen abgestufte Verantwortungsbezüge nach sich. Dies sei am Beispiel des Warentransportes durch Luftfracht illustriert.

Die handelnde bzw. hier zugunsten einer Transportform entscheidende Person trägt abgestuft Verantwortung für Folgen auf unterschiedlichen Ebenen.

Luftfracht

| Folgen | Beispiel |
|---|---|
| 1. Beabsichtigte Folgen | Schnellerer Transport, geringer Zeitverlust |
| 2. In Kauf genommene Folgen | Höhere Kosten |
| 3. Nicht beabsichtigte, aber prinzipiell voraussehbare Folgen | Schlechte Ökobilanz, große Umweltbelastung durch Abgase, Treibstoffverbrauch, Lärm |
| 4. Prinzipiell nicht voraussehbare, aber auch nicht sicher auszuschließende negative Spätfolgen | Flugzeugabsturz, Umbau des Transportwesens zugunsten der Luftfahrt und zum Nachteil der Umwelt |

Abgestufte Verantwortungsbezüge am Beispiel Luftfracht
(eigene Darstellung, angeregt durch Fenner 2008)

**Fragen zur Weiterarbeit**
1. Finden Sie Beispiele aus dem Wirtschaftsleben für vorsätzliches/bewusstes Handeln und für fahrlässiges/unwillentliches Verhalten!
2. Finden Sie andere Beispiele aus dem Wirtschaftsleben für Handeln, Unterlassen und Zulassen!
3. Finden Sie Beispiele aus dem Wirtschaftsleben für die vier Arten der Handlungsfolgen! Diskutieren Sie, inwiefern jemand auch für prinzipiell nicht voraussehbare, aber auch nicht sicher auszuschließende negative Spätfolgen seiner Handlung verantwortlich gemacht werden kann bzw. sollte!
4. Diskutieren Sie am Beispiel eines Managers bzw. Arbeitnehmers, der der Bestechung überführt wird, mit welchen Konsequenzen er zu rechnen hätte, wenn er dieses offensichtlichen Verstoßes gegen die Normen und Werte seines Unternehmens überführt würde!

# 4. Werte, Prinzipien, Normen, Tugenden

„Wirtschaftsethik beschäftigt sich mit Werten, Normen, Einstellungen und moralischen Grundsätzen in Bezug auf wirtschaftliche Bereiche bzw. Entscheidungen."[4]

Ethische Reflexion hat es nicht nur formal mit der angemessenen Verfahrensweise und dem methodisch angemessenen Weg zu einer moralischen Entscheidung oder Handlungsweise zu tun, sondern auch material mit inhaltlichen Kriterien des guten Lebens: den Werten, Prinzipien, Normen und Tugenden. Zunächst seien diese Begriffe erklärt, die freilich im Alltag und in der ethischen Fachdebatte nicht immer trennscharf verwendet werden (vgl. Fenner 2008, 169-177).

*Wert:* allgemeine Leitvorstellung darüber, was gut/richtig/erstrebenswert ist.
Beispiel 1: Freiheit
Bsp. 2: Wohltätigkeit
Die Werte der Französischen Revolution von 1789 waren Freiheit (liberté), Gleichheit (égalité) und Brüderlichkeit (fraternité).
Weitere Beispiele (Hentig 2001, 162): Leben, Freiheit, Frieden, Seelenruhe, Gerechtigkeit, Solidarität, Wahrheit, Bildung/Wissen, Liebe, Gesundheit, Ehre, Schönheit

*Prinzip:* oberster einheitstiftender allgemeiner Grundsatz.
Bsp.1: Handle so, dass Du die Freiheit anderer nicht beeinträchtigst! (Prinzip Freiheit)
Bsp. 2: Sei stets hilfsbereit! (Barmherzigkeitsprinzip)

*Norm:* generalisierte Verhaltenserwartungen an Inhaber sozialer Rollen bzw. konkrete, situationsspezifische Handlungsregel (gesetzliche, technische, ethische, soziale Normen).
Bsp. 1: Zwinge niemandem mit Gewalt zu etwas! Respektiere fremde, berechtigte Interessen!
Bsp. 2: Rette Ertrinkende! Werde Organspender!
Bsp. 3: Berücksichtige beim Qualitätsmanagement die entsprechende Norm!

Einen besondere Bedeutung spielt seit den Anfängen der europäischen Geistesgeschichte der Begriff Tugend für die Ethik.

Sokrates
(469-399
v.Chr.)

*Tugend:* eine durch Übung erworbene emotional-intellektuelle Haltung, die dazu befähigt, das ethisch Richtige zu tun.

---

[4] Spontandefinition des Begriffs „Wirtschaftsethik" eines/r Studierenden, vgl. Fußnote 1.

Den Tugendbegriff als Grundlage materialer Ethik geformt haben die griechischen Philosophen Sokrates und Platon. Sie unterscheiden vier Kardinaltugenden: Weisheit, Tapferkeit, Besonnenheit und Gerechtigkeit. Sie korrespondieren mit den Leib- und Seelenteilen des Menschen und prägen die staatliche Ordnung:

| Mensch | | | | Staat | |
|---|---|---|---|---|---|
| Leib | Seele | | Tugenden | Staatsaufbau | Tätigkeit |
| Kopf | Denk-vermögen | Ge-rech-tig-keit | Weisheit | Herrscher | regieren |
| Brust | Muthafter Teil | | Tapferkeit | Krieger | verteidigen |
| Bauch | Begehrungs-vermögen | | Besonnenheit | Bürger | produzieren, verteilen |

Die vier Kardinaltugenden (Sokrates/Platon)
(eigene Darstellung, angeregt durch Klopfer 2008, 51)

Platon
(427-347
v.Chr.)

An Sokrates und Platon schloss Aristoteles an. Er richtete seine Tugendethik an der zentralen Tugend der Glückseligkeit aus. Für ihn galt: „Tugend ist der Weg zur Glückseligkeit (eudaimonia)", wobei die einzelne Tugend jeweils die „goldene Mitte" zwischen zwei Extremen (zu wenig bzw. zu viel) darstellt.

Aristoteles
(384-322
v.Chr.)

| Lebensbereich | | Zu wenig | Tugend | Zu viel |
|---|---|---|---|---|
| Mut | | Feigheit | Tapferkeit | Tollkühnheit |
| Lust | | Stumpfsinn | Mäßigkeit | Tollheit |
| Geld | im Großen | Kleinlichkeit | Großzügigkeit | Protzerei |
| | im Kleinen | Geiz | Freigebigkeit | Verschwendung |
| Ehre | im Großen | Kleinmütigkeit | Hochsinnigkeit | Eitelkeit |
| | im Kleinen | Ehrgeizlosigkeit | (ohne Namen) | Ehrgeiz |
| Zorn | | Schwächlichkeit | Sanftmut | Jähzorn |
| Gesellig-keit | Spaßhaft | Ungehobeltheit | Gewandtheit | Possenreißerei |
| | Allgemein | Mürrisches Verhalten | Freundlichkeit | Schmeichlerei |
| | Ehrlichkeit | Geheuchelte Bescheidenheit | Wahrhaftigkeit | Angeberei |

Tugend als Mitte zwischen zwei Extremen (Aristoteles)
(eigene Darstellung, angeregt durch Klopfer 2008, 101)

Auf der antiken Tugendethik baute die christliche Ethik auf, indem sie den vier Kardinaltugenden drei weitere *christliche Tugenden* hinzufügte: Glaube, Hoffnung und Liebe.

„Nun aber bleiben Glaube, Hoffnung und Liebe, diese drei.
Die Liebe aber ist die größte unter ihnen."
(1. Kor. 13, 13)
„Gott ist die Liebe; und wer in der Liebe bleibt, der bleibt in Gott und Gott in ihm."
(1. Joh. 4,16)

Der evangelische Wirtschaftsethiker Arthur Rich (1987, 105-128) schließt auf innovative Weise an die drei christlichen Tugenden an. In den drei Begriffen sieht er zunächst allgemein menschliche und dann auch speziell christliche Erfahrungen und Traditionen.

In der gotischen Wurzel („galaubjan") des deutschen Wortes „glauben" ist die Vorstellung von „freundschaftlichem Vertrauen" enthalten. *Glauben* ist also nicht Fürwahrhalten unbewiesener Behauptungen oder alle Rationalität übersteigendes religiöses Erfahren, sondern zuerst ein von Liebe und  Freundschaft getragener Vertrauensakt. Das hat die Entwicklungspsychologie längst bestätigt, indem sie belegt, dass Grundvertrauen von Beginn an lebensnotwendig ist. Auch beim Abschluss von Vereinbarungen und Verträgen ist „Treu und Glauben" unverzichtbar. Wem man nicht vertraut, mit dem macht man keine Geschäfte, es sei denn, man hätte keine andere Wahl.

Vom Gedanken des Urvertrauens und des freundschaftlichen Vertrauens aus hat Glauben ganz eng mit Hoffen zu tun. Nach Ernst Bloch (Das Prinzip Hoffnung, Frankfurt a.M. 1959) ist *Hoffnung* haben das Charateristikum des Menschseins.

Ohne Hoffnung machen wir keine Pläne, entwickeln wir keine Motivation für schöpferische Prozesse, realisieren wir keine Geschäftsidee.

*Liebe* wiederum ist zunächst Vertrauen und Hoffnung in einem. In einem Kind wächst Urvertrauen, dass ihm auch für das weitere Leben Hoffnung gibt, wenn es die Liebe der Eltern erfährt. Erfährt es diese Liebe nicht, werden sich auch Vertrauen und Hoffnung nicht richtig ausbilden können.

Dass diese drei Tugenden nicht voll zur Wirkung kommen, hängt nach Rich (1987, 108-116) mit dem „Bösen des Menschen" zusammen. Denn faktisch begegne uns neben Glaube, Hoffnung und Liebe, „hinterhältiges Misstrauen, fatalistische Resignation, humanitätsvergessene Selbstbehauptung". Das ist der Widerspruch zwischen der Essenz (dem wesensmäßigen Kern) und der Existenz (dem tatsächlich Faktischen) des Menschen.

Gegen das Böse stehe aber die „Erfahrung des ganz Anderen", das kann nun – allgemeinmenschlich verstanden – in unerwarteter Hilfe, neuem Vertrauen, förderlichen menschlichen Neubegegnungen bestehen, oder – christlich-religiös gedeutet – als Erfahrung Gottes erlebt werden. Christlicher Glaube sei dabei nicht Ideologie sondern Erfahrung von Vertrauen, Hoffnung und Liebe in der Geschichte der Befreiung des Volkes Israel aus der Sklaverei bis zur Befreiung Jesu aus dem Tod.

**Fallbeispiel**

Frau Güngün (27 Jahre alt, türkischer Abstammung, geboren in Ludwigshafen am Rhein, verheiratet, zwei Kinder von fünf und sieben Jahren) arbeitet als Betriebswirtin bei einem Mannheimer Papierproduzenten im Bereich Vertrieb. Sie ist in ihrem Vertriebsbezirk (Deutschland Süd) so erfolgreich und beliebt, dass auch solche Kunden mit ihr Geschäfte machen wollen, die eigentlich dem Bezirk (Deutschland Nord) ihres Vertriebskollegen Müller angehören. Das führt zu Spannungen mit ihm. Erschwerend kommt hinzu, dass er meint, Mütter von kleinen Kindern sollten zuhause bleiben. Schwierigkeiten gibt es auch bei Güngüns zuhause, weil immer mehr Familien- und Hausarbeit an Herrn Güngün hängen bleiben. Ihrer Chefin ist Frau Güngüns Beliebtheit allerdings recht, denn die Geschäftsführung plant ohnehin, bald die beiden Vertriebsbezirke für Deutschland zu einem zusammen zu legen und dabei eine Stelle einzusparen. Herrn Müller möchte die Chefin loswerden, denn er ist wenig erfolgreich und zeigt sich zudem Kolleginnen und Kundinnen gegenüber oft als intolerant.

**Fragen zur Weiterarbeit: divergierende Werte**

1. Liegt im beschriebenen Fall ein Wertekonflikt z.B. zwischen dem beruflichem Erfolg der Vertriebsfrau Güngün und der Solidarität mit ihrem Kollegen Müller vor? Welche Wertekonflikte entdecken Sie darüber hinaus in dem Fallbeispiel?

2. Wie könnte eine Wertekatalog von Vertriebsleuten im produzierenden Gewerbe aussehen?
3. Toleranz und Gleichberechtigung werden in unserer Gesellschaft als Werte hoch geschätzt. Vergleichen Sie diese Wertschätzung mit anderen Kulturen und anderen historischen Epochen!

**Fragen zur Weiterarbeit: Normen und Rollenerwartungen/-konflikte**
1. Welche gesetzlichen, technisch-organisationellen und moralischen Normen (im Sinne von generalisierten Verhaltenserwartungen und konkreten Handlungsregeln) gelten z.B. für Manager bzw. Managerinnen?
2. Wie unterscheiden sich diese Normen von denen für eine/n Dozenten/in für Management?
3. Inwiefern befindet sich Frau Güngün in einem Intra- und Interrollenkonflikt? Wie ließen sich diese Konflikte lösen?
   *Bsp. Intrarollenkonflikt:* Konflikt innerhalb derselben Rolle als Kollegin, die zugleich erfolgreich und solidarisch ihrem Vertriebskollegen gegenüber sein will.
   *Bsp. Interrollenkonflikt:* Konflikt zwischen Geschäftsfrau mit ausgedehnten Arbeitszeiten (Rolle 1) und Mutter kleiner Kinder (Rolle 2).

**Fragen zur Weiterarbeit: Tugenden**
1. Welche „Tugenden" werden heute von Betriebswirten erwartet?
   Bestimmen Sie diese Tugenden als Mitte zwischen zwei Extremen!
2. Gegen Tugenden wird eingewandt, dass man mit bestimmten Tugenden (z.B. Ordnung, Gehorsam, Sauberkeit und Pünktlichkeit) auch ein Konzentrationslager hätte leiten können. Was bedeutet das für den Tugendbegriff insgesamt?

# 5. Gerechtigkeit

„Viele moderne Gerechtigkeitsauffassungen sind von der Vorherrschaft des Marktmodells geprägt. (...) Die Gerechtigkeit im Ganzen wird dem Marktmechanismus untergeordnet. Denn der Prozess des Aushandelns von Preisen und Löhnen am Markt wird nicht durch Maßstäbe der Gerechtigkeit, sondern durch die Frage der Durchsetzungsmacht bestimmt."[5]

Wenn es um die Verteilung von Chancen und Gütern geht, dann kommen immer auch Fragen der Gerechtigkeit ins Spiel. Haben wir im vorangehenden Kapitel die Gerechtigkeit als eine, vielleicht als die wichtigste, unter den Tugenden kennen gelernt, so wird ihr nun ein eigenes Kapitel gewidmet, denn ihre Bedeutung für die Ökonomie ist kaum zu überschätzen. Egal in welchen Bezügen der Mensch steht – ob als Konsumentin oder Kunde, als Betriebsangestellter oder Führungspersönlichkeit, als Bürger oder Politikerin, als Privatperson oder Freizeitmensch – stets wird er von seinem Sinn für Gerechtigkeit beeinflusst, gesteuert und getrieben.

Justitia

In den Denktraditionen der Menschheit war das Thema Gerechtigkeit immer präsent. So hat die Beurteilung von Gerechtigkeit einen geschichtlichen Wandel durchlaufen und verschiedene Positionen gefunden. Der Zusammenhang zwischen Gerechtigkeit und Gleichheit, Leistung, Status, Chancen und Bedürfnissen spielte dabei eine Rolle. Verschiedene Zuordnungsmöglichkeiten werden hier dargestellt, um die Bandbreite der Gerechtigkeitsvorstellungen zu umreißen.

*1. Statusgerechtigkeit:* Dieses Gerechtigkeitsverständnis aristokratischer Gesellschaften geht davon aus, dass es für soziale Statusgruppen unterschiedliche Rechte gibt – jeweils andere Gerechtigkeitsverhältnisse galten etwa für Sklaven und Freie, für Herren und Knechte, für Bürger und Adelige. Heute ergeben sich vergleichbare Unterschiede etwa zwischen Topmanagern und geringfügig Beschäftigten oder zwischen Menschen in westlichen Industrienationen und in den armen Ländern dieser Welt. Hier entsteht das Problem, dass nicht alle Menschen derselben Gesellschaft nach denselben Gerechtigkeitsprinzipien behandelt werden.

---

[5]  Huber 1999, 155.

*2. Leistungsgerechtigkeit:* Indem jedem nach seinen Leistungen gesellschaftliche Vorteile, z.B. durch Lohnzahlung oder Gewinnausschüttung, gewährt werden, realisiert sich eine Tauschgerechtigkeit. Das ist das Gerechtigkeitsverständnis der Marktwirtschaft. Hierin steckt ein großes Motivationspotenzial, Leistung zu zeigen. Wie man zu den Leistungen kommt und ob man für sie tatsächlich allein verantwortlich ist, das wird oft nicht erwogen. In der ökonomischen Neoklassik und im politischen Liberalismus zielt dieses Gerechtigkeitsverständnis auf die Leistungsfähigkeit des Einzelnen und auf minimale staatliche Eingriffe.

*3. Bedürfnisgerechtigkeit:* Diese Deutung gerechter Verhältnisse basiert darauf, dass jeder Mensch das bekommen soll, was er zum Leben benötigt. Dieses Prinzip hat Eingang gefunden in die soziale Marktwirtschaft mit ihren Ausgleichsfunktionen und in den Sozialstaat. Zugrunde liegt dem das mütterliche Prinzip der Fürsorge. So empfinden wir es als gerecht, dass Kinder bis zu einem bestimmten Alter alles nach ihren Bedürfnissen Notwendige erhalten, ohne dass sie etwas dazu tun können. Hier stellt sich die Frage nach der Eigenverantwortung und dem Abhängigwerden der Bedürftigen. Als „vorrangige Option für die Armen" findet sich eine ähnliche Gerechtigkeitsvorstellung mit dem Ziel einer gesellschaftlichen Integration Benachteiligter in der jüdisch-christlichen Tradition.

*4. Gerechtigkeit als Gleichheit:* Diese Vorstellung geht davon aus, dass die Menschen als gleichberechtigte Bürger bzw. als gleichwertige Geschöpfe Gottes geboren werden und dass jeder ohne Ansehen seiner Person, Religion, Herkunft gleiche Chancen haben soll. Wo Chancen und Güter ungerecht verteilt sind, soll ein Ausgleich vorgenommen werden. Und in der Tat macht es Sinn, Menschen – seien sie nun Arbeitnehmer, Kunden oder Privatpersonen – als Gleiche unter Gleichen zu behandeln. Auf diesem Prinzip der gleichen Rechte basiert die Demokratie. Vielleicht steht dahinter der Blick von Eltern auf ihre Kinder und der Versuch, sie gleich zu behandeln. Hier zeigt sich jedoch das Problem, dass manche Ungleichheit sinnvoll sein kann, z.B. bei den biologischen Geschlechterrollen, und Bewertungsmaßstäbe für Gleichheit schwierig zu finden sind.

Den Versuch, den Gleichheitsgrundsatz mit der Leistungsmotivation zu verbinden, hat der amerikanische Philosoph John Rawls in seinem Buch „A Theory of Justice" (1971; dt. 1979) unternommen. Er versteht Gerechtigkeit als Fairness.

Dazu hat er zwei Grundsätze formuliert, zum einen den Grundsatz gleicher Freiheiten für alle und zum anderen den Grundsatz, dass soziale und wirtschaftliche Ungleichheiten nur dann gerecht sind, wenn sich daraus Vorteile für die am wenigsten Begünstigten ergeben. Da nun aber wirtschaftliche Ungleichheiten oftmals auch mit unterschiedlichen politischen Einflussmöglichkeiten zusammenhängen, hat Heinrich Bedford-Strohm den Vorschlag gemacht, den zweiten Gerechtigkeitsgrundsatz von Rawls dahingehend zu ergänzen, dass sich Ungleichheiten in einem Rahmen halten müssen, der den fairen Wert der Freiheiten sichert (vgl. Huber 1999, 190f.). Er erläutert das am Beispiel eines reichen Bauunternehmers, der sich durch zusätzliche Gewinne übermäßige politische Einflussmäßigkeiten verschaffen kann, die nicht dadurch ausgeglichen werden, dass er seiner Sekretärin ein Gehaltsaufbesserung gewährt. Rawls verbindet in seinem Ansatz die aristotelische Tradition der Gerechtigkeit als Gleichheit (und Freiheit) mit der biblischen Tradition der Bedürfnisgerechtigkeit (Prüfstein für die gerechte Güterverteilung und Teilhabe sind die gesellschaftlich Unterprivilegierten).

John Rawls
(1921-2002)

**Aufgaben zur Weiterarbeit**
1. Diskutieren Sie das Zitat von Wolfgang Huber am Anfang des Kapitels!
2. Welcher der vier Gerechtigkeitsverständnisse messen Sie die größte Bedeutung für die staatliche Ordnung bzw. für die Praxis im Unternehmen bei? Begründen Sie Ihre Wahl!
3. Inwiefern ist es im Rahmen einer gerechten Wirtschaftsordnung bzw. einer guten Gemeinschaft im Betrieb nötig, mehrere Gerechtigkeitsverständnisse zusammen zu bringen? Gibt es ein anderes Gerechtigkeitsverständnis, das Sie in den vier vorgestellten nicht wieder finden? Bitte formulieren Sie es!
4. Diskutieren Sie die Ergänzung des zweiten Rawlsschen Gerechtigkeitsgrundsatzes durch Bedford-Strohm! Wie kann wirtschaftliche Macht und der gesellschaftliche Einfluss großer Firmen mit politischer Freiheit und Gleichheit aller Bürger in der Demokratie zusammengebracht werden?

## 6. Materiale und formale Ethik

„Wirtschaftsethik: Wie sich das Unternehmen gegenüber seinen Kunden und Mitarbeitern verhalten sollte? Was wäre im ökonomischen Sinne die Ethik? Gewinnt das Unternehmen, wenn es ethisch ist?"[6]

Traditionell wird in der ethischen Theoriebildung zwischen den Typen der formalen und der materialen Ethik unterschieden (Göbel 2006, 35). Sind z.B. betriebsbedingte Kündigungen auszusprechen, so bedarf es der formalen Ethik, um ein Verfahren zu entwickeln, das festlegt, wie der Weg zu einer Entscheidung auch unter moralischen Gesichtspunkten bestimmt wird: Welches sind die Kriterien des guten und gerechten Handelns im Blick auf die Verfahrensweisen, die Schritte und die zu beteiligenden Personen (Betriebsrat, Management, Personalverantwortliche/r, Schwerbehinderten- und Gleichstellungsbeauftragte)? In materialethischer Hinsicht muss geklärt werden, welche Ziele für die Auswahl der zu Entlassenden verfolgt werden sollen und wie diese Ziele in die Bewertungsfaktoren eingehen: Wer kann aus arbeitsrechtlichen Gründen leichter entlassen werden? Wen trifft die Entlassung sozial härter als andere? Unter welchen Bedingungen kann eine Abfindung günstig sein? Welche Möglichkeiten sozialen Ausgleichs gibt es?

Die *formale Ethik* interessiert sich z.B. dafür, auf welche Weise ein Werturteil oder eine ethische Entscheidungsfindung zustande kommt, sie zielt auf die moralische Kritik der Verfahrensweise. Angemessen kann eine Verfahrensweise zum Beispiel sein, wenn sie berücksichtigt, dass alle von der Entscheidung Betroffenen auch in den Prozess der Entscheidungsfindung mit einbezogen sind.

Die *materiale Ethik* richtet ihre Reflexion auf die moralischen Inhalte, auch konkrete Werte, Normen oder Tugenden, die einem Werturteil zugrunde gelegt werden können. Ist absolute Gleichbehandlung aller das Kriterium, oder soll jeder erhalten, was er zum Leben benötigt? Spielt die für das Unternehmen erbrachte Leistung, die Dauer der Betriebszugehörigkeit, der Familienstand oder die Chancen eine andere Anstellung zu finden, eine Rolle für die Auswahl der zu Entlassenden? Kann so etwas wie Solidarität der im Unternehmen Verbleibenden mit den zu Entlassenden hergestellt werden? Welches sind also Kriterien guter „Form" (Verfahrensweise) und moralischen „Materials" (Inhalt) für Werturteile?

---

6 Spontandefinition des Begriffs „Wirtschaftsethik" eines/r Studierenden, vgl. Fußnote 1.

| Formale Ethik | Materiale Ethik |
|---|---|
| Angemessene Verfahrensweise zu Normfindung/Werturteil | Adaequate Normen und Werte |
| Kunstregeln und Methodik ethischer Reflexion | Material ethischer Reflexion |
| Weg zu einer ethischen Entscheidung | Inhaltliche Konkretisierung des Guten in Zwecken, Handlungen und Haltungen |
| moral point of view | moral values |
| Universalisierbarkeit, Unparteilichkeit | Spezifische Entscheidung, Parteilichkeit |
| z.B. Diskursethik: Wie kommen wir zu einem ethischen Konsens? | z.B. Tugendethik: Welche Tugenden, Werte und Normen sind anwendbar? |

Formale und materiale Ethik (eigene Darstellung)

So hilfreich die Differenzierung in formale und materiale Ethik für die Ethiktheorie sein mag, sie ist letztlich nicht durchzuhalten, denn es dürfte keine formale Ethik geben, die nicht bereits inhaltliche Werturteile oder materialethische Prämissen impliziert. Schon in die formale Verfahrensweise spielen inhaltliche Fragen etwa der Fairness und Gleichheit hinein. Die Vertreter der Diskursethik (dazu später mehr) postulieren beispielsweise, dass eine ethische Entscheidungsfindung nur optimal gelingen kann, wenn für die Freiheit der Teilnehmenden, ohne Zwang mitzureden, gesorgt ist und wenn eine Gleichheit der Diskursteilnehmenden besteht. Diese Elemente der Diskursethik sind zugleich materialethische Voraussetzungen des gelingenden Diskurses und formalethische Prinzipien desselben.

**Fallbeispiel mit Fragen zur Weiterarbeit**
Um den Konkurs eines Betriebes im Rahmen einer Wirtschaftskrise abzuwenden, müssen einhundert von fünfhundert Mitarbeitenden entlassen werden. Nach der Wirtschaftskrise benötigt das Unternehmen angesichts einer sich zunehmend verbessernden Auftragslage wieder mehr Mitarbeiterinnen und Mitarbeiter. Dazu werden Stellen ausgeschrieben und Einstellungsverfahren durchgeführt.
1. Inwiefern spielen Fragen der formalen Ethik, d.h. der Verfahrensweise und des Weges zur ethischen Entscheidung, bei der Auswahl der zu Entlassenden und später bei der Einstellung neuer Mitarbeitender eine Rolle?
2. Welche materialethischen Kriterien bzw. Inhalte (z.B. Werte und Normen) können bei betriebsbedingten Kündigungen und bei Neueinstellungen namhaft gemacht werden?

# 7. Monologische und Diskursethik

„Ich verstehe unter Wirtschaftsethik, dass man Werte, welche einem im privaten Leben wichtig sind, in die Arbeitswelt integriert. In der heutigen Arbeitswelt stehen die meisten Mitarbeiter eines Unternehmens unter enormem Erfolgsdruck und vergessen daher oft ihre ethischen Grundsätze aus dem Privatleben. Oftmals ist es in der Praxis so, dass ‚ranghöhere' Mitarbeiter einen unterstellten Mitarbeiter nicht mit dem gleichen Respekt behandeln wie ‚Gleichgestellte', obwohl einem im privaten Bereich das gegenseitige Respektieren eigentlich wichtig ist. Ich denke dieses Problem begründet sich in der zunehmenden Unsicherheit und zunehmenden Ängsten in Bezug auf den eigenen Arbeitsplatz. Ein weiteres Beispiel wäre, dass man im privaten Leben sich meist gegenseitige Hilfestellungen gibt, was im Arbeitsleben nicht unbedingt normal ist => z.B. Problem der ‚Wissensweitergabe'."[7]

In einer weiteren Perspektive wird in monologische und Diskursethik als zwei Typen formaler Ethik differenziert (vgl. Göbel 2006, 36-41).

*Monologische Ethik*: Die Einzelperson prüft die Sittlichkeit ihrer persönlichen Maximen. Von der Haltung und Entscheidung der Einzelperson etwa geht Immanuel Kant in seinem „kategorischen Imperativ" aus: Will ich, dass mein Handlungsgrundsatz allgemeines Handlungsgesetz wird? Und: Bekenne ich mich öffentlich dazu? Bin ich bereit meine Grundsätze zu vertreten? Im Gedankenexperiment nimmt der Einzelne den moralischen Standpunkt ein und ermittelt so für sich, welche Handlungen im moralischen Sinne gut und universalisierbar sind: John Rawls entwickelt in seiner Theorie der Gerechtigkeit das Prinzip des Urzustandes mit seinem „veil of ignorace", also Schleier des Nichtwissens (Rawls 1979, 34-39). Jeder, der Entscheidungen unter Gerechtigkeitsgesichtspunkten zu treffen hat, soll sich vorstellen, er befinde sich in einem Status der Unkenntnis über seine Herkunft und über seine Chancen innerhalb der Gesellschaft. Diese fingiert neutrale Ausgangsbasis führe dann zu einer echten Gerechtigkeitsperspektive.
George Herbert Mead formulierte das Prinzip der „idealen Rollenübernahme" und meinte damit, man solle beim moralischen Urteilen versuchen, sich „in andere hineinzuversetzen", d.h. ihre Rolle und Situation gedankenspielerisch übernehmen (vgl. Göbel 2006, 36f.).

---

[7] Spontandefinition des Begriffs „Wirtschaftsethik" eines/r Studierenden, vgl. Fußnote 1.

*Diskursethik*: Sie wurde von Karl-Otto Apel und Jürgen Habermas (1991) formuliert mit dem Ziel, angesichts verlorener ethischer Traditionen mittels eines herrschaftsfreien Diskurses zu einem Konsens zu kommen auf der Basis rationaler Argumente. Der Grundsatz der Diskursethik ist, dass nur diejenigen Normen Geltung beanspruchen dürfen, die die Zustimmung aller Betroffenen als Teilnehmer eines praktischen Diskurses finden können. Diese Zustimmung wird in einem speziellen Diskursverfahren entwickelt, das auf folgenden Regeln fußt:

Jürgen Habermas
(geb. 1929)
München 2008
(Foto: Wolfram Huke,
in Wikipedia)

- die Zulassung aller Betroffenen zum Diskurs,
- die Freiheit der Teilnehmenden ohne Zwang mitzureden,
- die Gleichheit der Mitwirkenden,
- das gemeinsame Interesse an einer kooperativen Wahrheitssuche,
- die Wahrhaftigkeit der eigenen Ansichten,
- die Zurechnungsfähigkeit aller Beteiligten
- und die logische Argumentation.

Ziel ist es dabei, eine gemeinsame ethische Willensbildung und damit zugleich die Akzeptanz der konsensuellen Lösung zu erreichen.

**Fragen zur Weiterarbeit**
1. In der Unternehmenspraxis bieten monologische und Diskursethik jeweils eigene Chancen.
   Wo sehen sie betrieblich Einsatzmöglichkeiten und wo Grenzen der Ideen von Rawls' „Schleier des Nichtwissens" und Meads „idealer Rollenübernahme"?
2. Welche Chancen bietet das Konsensprinzip der Entscheidungsfindung der Diskursethik etwa in einer auf Partizipation setzenden Unternehmenskultur?

## 8. Gesinnungs- und Verantwortungsethik

„Was ist Wirtschaftsethik?
- die Übertragung von moralischen Überzeugungen auf das Wirtschaftsleben
- Verhaltensregeln oder –normen, die in der Geschäftstätigkeit angewandt werden
- Grundsätze, die die gesellschaftliche Akzeptanz von wirtschaftlichen
Vorgehensweisen und Entscheidungen unterstützen
- Menschlichkeit wird in die abstrakte und kühle Theorie der Wirtschaft / des
Kapitalismus transferiert."[8]

Max Weber, Professor für Nationalökonomie und Mitbegründer der Soziologie, prägte die Begriffe und die Alternative von Gesinnungsethik und Verantwortungsethik in seinem Vortrag „Politik als Beruf", der 1919 (Weber 2004) erstmals publiziert wurde.

Politik habe immer mit staatlicher Gewaltausübung zu tun, mit Herrschaft, derer es drei legitime Formen gibt: traditionale (z.B. eines Königs), charismatische (z.B. eines Revolutionsführers) und legale (z.B. einer demokratisch gewählten Regierung). Eine radikale Gesinnungsethik lasse sich mit Politik, jedenfalls vom Typ der legalen Herrschaft, nicht vereinen.

Max Weber
(1864-1920)
Foto: 1894

Weber untersuchte u.a. den Einfluss der Weltreligionen auf das wirtschaftliche Verhalten. In „Die protestantische Ethik und der Geist des Kapitalismus" (1904/05, 1920) stellte er die These auf, dass die protestantische Ethik den Kapitalismus erst voll zur Entfaltung gebracht habe. Denn als Erkennungszeichen der göttlichen Erwählung habe den Protestanten ihr wirtschaftlicher Erfolg gedient. Aus einer asketischen Grundhaltung heraus sei so der protestantische Arbeitsethos zu einem Selbstzweck geworden, der den wirtschaftlichen Erfolg des Einzelnen zum Zeichen des Heils werden ließ. Auf dieser Basis habe sich der Kapitalismus und damit der Wohlstand in evangelisch geprägten Gebieten besser entfalten können als in katholischen oder in religiös nicht christlich geprägten Regionen und Ländern. Auf die Ethik nehmen auch religiöse Prägungen Einfluss.

---

[8]  Spontandefinition des Begriffs „Wirtschaftsethik" eines/r Studierenden, vgl. Fußnote 1.

Die Unterscheidung von Gesinnungsethik und Verantwortungsethik nach Max Weber ist in der folgenden Übersicht gegenübergestellt.

| Gesinnungsethik | Verantwortungsethik |
|---|---|
| Allein die Absicht ist gut. Nur der Wille zählt. | Es gibt nichts Gutes, außer man tut es. Nur das Ergebnis zählt. Der Zweck heiligt die Mittel. |
| Ziel: reines Gewissen, Erhalt der reinen Lehre | Ziel: Erreichung des Handlungserfolges, Verantwortungsübernahme für Folgen, Vermeidung negativer Folgen |
| Gesinnung steht über dem Erfolg des Handelns, Folgenfreiheit | Abschätzung der Folgen des Handelns gehen in die ethische Entscheidung ein |
| Nebeneffekt: klare Vorgaben unabhängig von Situation und Realität, Komplexitätsreduktion | Pluralismus aus situativer und prospektiver Folgenberücksichtigung, komplexe Entscheidung |
| prinzipientreu, eindeutig, rigoros | dialogisch, mehrdeutig, tolerant |
| Entweder-Oder-Entscheidung | Differenzierte Entscheidungsoptionen aufgrund von Folgen- und Güterabwägungen |
| Vertreter: religiöse Fanatiker, Fundamentalisten, „Syndikalisten" (= Gewerkschafter) | Beispiel: Luther als religiöser Pragmatiker, verantwortungsbewusste Politiker/innen |

Gesinnungs- und Verantwortungsethik
(eigene Darstellung zu Weber 1919)

Weber ging in „Politik als Beruf" jedoch davon aus, dass sich beide Ansätze nicht nur gegenüberstehen, sondern auch ergänzen: „Insofern sind Gesinnungsethik und Verantwortungsethik nicht absolute Gegensätze, sondern Ergänzungen, die zusammen erst den echten Menschen ausmachen, den, der den ‚Beruf zur Politik' haben kann." (Weber zit.n. Höffe 1999, 343)

**Fragen zur Weiterarbeit:**
1. Was sind die Vor- und Nachteile eines gesinnungsethischen bzw. eines verantwortungsethischen Ansatzes?
2. Finden Sie Praxisbeispiele aus dem Wirtschaftsleben für beide ethischen Ansätze!
3. Wie lassen sich Gesinnungs- und Verantwortungsethik verbinden?
Beispiel: Das Gebot „Du sollst nicht lügen!" in der Verhandlungsführung oder bei Werbemaßnahmen.

## 9. Pflicht- und Nutzenethik

„Von der Gesellschaft geprägte Werte und Normen, die im Unternehmen in den Bereichen Personal, Marketing und Produktion beachtet werden (sollten). -> Ergo: alles, was in diesem Gebiet von einem Unternehmen getan oder auch nicht getan wird, ist dann von Interesse, wenn stark von den Wertvorstellungen/Normen abgewichen wird."[9]

Bei der Unterscheidung von Pflicht- und Nutzen- bzw. Folgenethik geht es darum zu klären, was Basis und Ziel der ethischen Entscheidung ist.

Die *Pflichtethik* geht davon aus, dass es absolute moralische Werte und Regeln gibt, wie etwa die staatlichen Gesetze oder die biblischen Zehn Gebote. Die Pflichtethik wird in der Fachliteratur auch deontologische Ethik genannt, denn „to deon" (griech.) bedeutet übersetzt die Pflicht, die Notwendigkeit. Die deontologische Ethik greift also normativ auf das zurück und legt das zugrunde, was für jede Person und zu allen Zeiten unbedingt zu tun geboten bzw. notwendig ist. Wir unterscheiden bei diesem Ethiktyp wiederum

1. die regeldeontologische Ethik (= Gesinnungsethik), die von absoluten moralische Werten und Regeln (religiösen Pflichten oder staatlichen Gesetze) ausgeht, und

2. die handlungsdeontologische Ethik (= Verantwortungsethik), die

auf relativen Entscheidungsprinzipien bzw. -verfahren basiert, z.B. die biblische „*Goldene Regel*" („Was ihr wollt, dass euch die Leute tun sollen, das tut ihnen auch!" Lukas 6,31 und Matthäus 7,12), die sich auch in anderen Religionen findet, oder der *kategorische Imperativ* Immanuel Kants: „Handle so, dass die Maxime deines Willens jederzeit zugleich als Prinzip einer allgemeinen Gesetzgebung gelten könnte."

Immanuel Kant
(1724-1804)

Die *Nutzen- oder Folgenethik* bezieht das Ziel und die Konsequenzen des Handelns bzw. der ethischen Entscheidung in die ethischen Überlegungen ein. Man bezeichnet diesen Ethiktyp auch als „teleologische" Ethik, abgeleitet von dem griechischen Wort „telos", das „Ziel", „Ende" oder „Erfüllung" bzw. „Vollen-

---

[9]   Spontandefinition des Begriffs „Wirtschaftsethik" eines/r Studierenden, vgl. Fußnote 1.

dung" bedeutet. Die teleologische Ethik muss also ein Ziel vor Augen haben, an dem sie sich ausrichtet. Ziele können z.B. sein das größtmögliche Glück für  möglichst viele (Utilitarismus von Jeremy Betham, John Stuart Mill, Peter Singer) oder die Glückseligkeit (griech. eudaimonia bei Aristoteles) oder das Lustempfinden (griech. hedonä bei Epikur).

Die *utilitaristische Ethik* (vgl. Pieper 2007, 270f.) deklariert eine Handlung dann als moralisch gut, wenn sie die nützlichsten Folgen für alle Betroffenen zeitigt, d.h. aus der Handlung ein Maximum an Glück und ein Minimum an Leid resultiert. Nach Jeremy Bentham (1748-1832) muss also ein Nutzenkalkül – wir würden heute allgemeiner sagen: eine Güterabwägung – durchgeführt werden: die zu erwartenden Freuden und Leiden werden bezüglich ihrer Intensität, Nähe, Gewissheit, Reinheit u.ä. berechnet und miteinander verrechnet. Sobald in

John Stuart Mill
(1806-73)

der Summe ein Glücksüberschuss herauskommt, ist die Handlung als moralisch gut anzusehen. John Stuart Mill entwickelte den Utilitarismus weiter, indem er qualitativ zwischen höhergestellten geistigen und niederen körperlich-sinnlichen Freuden differenziert. Neuere Formen des Utilitarismus beziehen das Prinzip der Nützlichkeit nicht mehr auf einzelne Handlungen (Handlungsutilitarismus), sondern auf Handlungsregeln (Regelutilitarismus). Peter Singer (geb. 1946) etwa favorisiert das Prinzip der egalitären Interessenabwägung, bei dem das Interesse jeder Person gleichwertig in das Nutzenkalkül eingeht.
Insgesamt bleibt die Frage, nach welchen Kriterien das Nutzensummenkalkül durchzuführen ist, und was aus betroffenen Minderheiten wird, die Leid erfahren müssen zugunsten einer Mehrheit, die ihr Glück und ihre Freuden in die Wagschale wirft.

**Fallbeispiele zur Pflicht- und Folgenethik:**
- Beispielsatz für eine Pflichtenethik: Du sollst nicht töten!
- Beispielsatz für eine Konsequenzenethik: Grundsätzlich sollst Du Leben erhalten, wenn es für das Gemeinwohl förderlich ist! Du darfst aber töten, wenn es dem Gemeinwohl dient!
- Weitere Beispiele zur Diskussion der Frage, inwiefern das Tötungsverbot als absolute Verpflichtung einzuhalten ist:

→ Tötung „lebensunwerten Lebens" bzw. von „Untermenschen" im NS-Staat mit dem Ziel der „Erhaltung der Volksgesundheit und Rassenhygiene"
→ Tötung von geistig behinderten Babies und kranken alten Menschen zur Vermeidung von Leid und zur Förderung des Glücks für möglichst viele: „Die Tötung eines behinderten Säuglings ist nicht moralisch gleichbedeutend mit der Tötung einer Person. Sehr oft ist sie überhaupt kein Unrecht." (Peter Singer, Praktische Ethik, 1984)
→ Tötung eines Terroristen bei einer Flugzeugentführung
→ Tötung eines Tyrannen: Attentat auf Adolf Hitler am 20. Juli 1944
→ Todesstrafe

**Fragen zur Weiterarbeit:**
1. Kann es heute noch Gebote / Verbote mit allgemeinem Anspruch geben?
2. In welchen Situationen kann es hilfreich sein, nach absoluten Geboten oder Verboten zu handeln bzw. entscheiden zu können?
3. An welche betriebliche Situationen erinnern Sie sich, in denen Sie nach einer Folgenethik, also im Blick auf die Konsequenzen Ihres Handelns entschieden haben?
4. Welche Vor- und Nachteile hat eine Konsequenzen- oder Nutzenethik?
5. Ordnen Sie den Satz von Hans Jonas auf der Briefmarke von 2003 einem der in diesem Kapitel dargestellten Ethiktypen zu und begründen Sie Ihre Zuordnung!

Hans Jonas,
dt. Philosoph

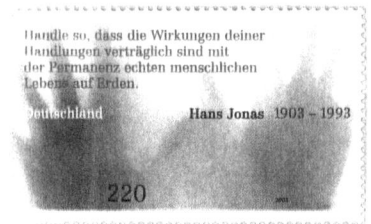

Handle so, dass die Wirkungen deiner Handlungen verträglich sind mit der Permanenz echten menschlichen Lebens auf Erden.

Deutschland          Hans Jonas  1903 – 1993

220

Briefmarke von 2003

# II. ANSÄTZE DER WIRTSCHAFTS- UND UNTERNEHMENSETHIK

## 1. Zum Verhältnis von Markt, Moral und Recht in der Wirtschaftsethik

„Kein Handeln aus rein monetärer Sicht - Den Mitarbeiter im Unternehmen als Mensch sehen und nicht nur als Arbeitskraft - Entscheidungen ethisch hinterfragen - Unternehmen meiden, die grundsätzlich ethische Grundsätze vernachlässigen"[10]

In der historischen Entwicklung sehen wir bei Aristoteles im griechischen Altertum Ethik und Ökonomik verbunden unter dem Dach der Praktischen Philosophie, der Wissenschaft von den Handlungsentscheidungen (vgl. Göbel 2006, 12+48). Denn wirtschaftliches Handeln diente in dieser Vorstellung der Realisierung guten Lebens. Glückseligkeit war nur zu erreichen, indem alle Menschen im griechischen Stadtstaat mit den lebensnotwendigen Gütern versorgt wurden. In der Neuzeit begann sich die Ökonomik von der Ethik zu emanzipieren. Im Zuge von Rationalismus und Aufklärung befreite man sich von den Wertbindungen der alten Traditionsgesellschaft. In diesem geistigen Klima konnte der Frühkapitalismus gut gedeihen. Er wurde von dem englischen Moralphilosophen Adam Smith (1723-1790) intellektuell flankiert, indem er die Idee entfaltete, der individuelle Eigennutz könne durch die Marktwirtschaft zum Gemeinwohl transformiert werden. Nach den Krisen und problematischen Folgen des Kapitalismus und der Überformung aller Lebensbereiche durch einen Ökonomismus entsteht neuerdings die Forderung, Markt und Moral, Ethik und Ökonomik wieder in einem integrativen wirtschaftsethischen Modell zusammen zu führen.
Drei Beziehungsmodelle von Ethik und Ökonomik sollen im Folgenden im Anschluss an Elisabeth Göbel (2006, 63-75) differenziert und verdeutlicht werden.

*Die Anwendung der Ethik auf die Wirtschaft*: Ausgehend von der Ethik als wissenschaftlicher Disziplin, von der Philosophie oder Theologie kommend, wird die Wirtschaftspraxis moralisch inspiriert. Neben anderen Bereichsethiken, wie etwa der der Politik, der Medizin, der Medien wird auch die Wirtschaft zu einem Feld auf das die Ethik angewandt wird. Bei Elisabeth Göbel, Professorin an der Universität Trier, etwa wird Wirtschaftsethik so zu einer angewandten Ethik. D.h. allgemeine ethische Prinzipien und Grundlagen werden auf den Handlungsbereich der Ökonomie bezogen und auf das Wirtschaftshandeln hin konkretisiert. Im Prinzip folgt der erste Teil des vorliegenden Buches diesem Modell. Kritisiert

---

[10] Spontandefinition des Begriffs „Wirtschaftsethik" eines/r Studierenden, vgl. Fußnote 1.

wird an diesem Zugang, dass die Ethik autokratisch in die Wirtschaft interveniere und einen Primat gegenüber der Ökonomik beanspruche. Dabei würden die Sachzwänge und die fachlich-praktischen Aspekte der Wirtschaft nicht genügend wahrgenommen. Hier werde ein Gegenüber von Moral und Ökonomie aufgebaut, bei dem der Ethik die Rolle zukomme, die ökonomische Rationalität zu korrigieren und ihre destruktiven Folgen abzufedern. Es werde eine Zwei-Welten-Konzeption konstruiert von hier sachfremder ethischer und dort moralloser ökonomischer Zugangsweise, deren Widerspruch unauflösbar erscheine.

Demgegenüber muss geltend gemacht werden, dass es bestimmte materiale moralische Wertvorgaben und ethische Verfahrensweisen gibt, die einen Kernbestand der Ethik ausmachen und tatsächlich auf unterschiedliche gesellschaftliche Funktionsbereiche angewandt werden können. So spielt etwa die ethische Frage der Gerechtigkeit in alle Disziplinen hinein, in denen Menschen miteinander umgehen. Ebenso steht es bei dem ethischen Wert der untastbaren Menschenwürde; er ist im deutschen Grundgesetz rechtlich kodifiziert und hat in jeder der Human- und Sozialwissenschaften eine eigene spezifischen Bedeutung und Reichweite. Auch wenn z.B. Gerechtigkeit und Menschenwürde als ethische Grundprinzipien unteilbar und unaufgebbar sind, so können sie nicht einfach aus der ethischen Theorie von oben in die unterschiedlichen Bereiche eingetrichtert werden, sondern sie müssen im interdisziplinären Dialog mit verschiedenen Fachlichkeiten auf die konkrete Situation und Problemstellung bezogen werden.

*Die Anwendung der Ökonomik auf die Moral*: Dieses zweite Modell nimmt seinen Ausgang bei den Wirtschaftswissenschaften und wird bevorzugt von Ethikern betrieben, die selbst ursprünglich aus der Ökonomie kommen. Im Sinne eines Ökonomismus oder „ökonomischen Imperialismus" wird versucht, der Ökonomie einen universellen Geltungsanspruch über alle Funktionsbereiche zu verschaffen. Wirtschaftliche Denkkategorien und Handlungsmaximen werden z.B. transferiert in die Biologie (Sozialdarwinismus), die Politik (Dominanz der Wirtschaftspolitik über alle anderen Politikfelder), das Sozial- und Gesundheitswesen (Deregulierung und Ökonomisierung) etc. So geht es bei diesem Modell um eine ökonomische Theorie der Moral oder um Moralökonomik. Als Ort der Moral wird etwa von Karl Homann, Professor emeritus an der Universität München, die marktwirtschaftliche Rahmenordnung des Staates entdeckt und nur auf dieser Ebene wird ethisches Reflektieren und Agieren als sinnvoll erachtet. Moral und Ethik müssen sich demnach auszahlen, sie müssen den handelnden Personen oder Institutionen Vorteile bringen. Gerne wird hier Bezug genommen auf Adam Smiths „The Wealth of Nations", der davon ausgeht, dass die Marktwirtschaft den individuellen Eigennutz in einen gesellschaftlichen Gesamtnutzen, d.h. in Gemeinwohl verwandelt. Der Marktwirtschaft als Rahmenordnung selbst kommt so moralische Qualität zu, während die Akteure innerhalb der Marktwirtschaft moralfrei handeln können. Die moralischen Handlungsmotive der Einzelperson spielen also keine Rolle mehr; für jede/n gilt: Maximiere deinen Gewinn, sorge für deinen Nutzen!

Jedoch zeigen die Wirtschaftskrisen, die eklatanten Unterschiede zwischen Superreichen und Hungerarmen, die Ausbeutung von Mensch und Natur etc., dass die Marktwirtschaft allein eben nicht dazu geeignet ist, alle Lebensbereiche zum Wohle aller zu regulieren. Auch könnte es nicht genügen, sozusagen einmalig die marktwirtschaftliche Rahmenordnung einzurichten und dann auf die Individualmoral zu verzichten. Denn durch gesellschaftliche Entwicklungen entstehen ständig neue Regelungsnotwendigkeiten und -lücken, für die eine persönliche moralische Integrität, die sich auf das Gemeinwohl richtet, bedeutsam ist.

*Die Integration von Ethik und Ökonomik*: Einen gleichberechtigten Zugang zur Wirtschaftsethik aus der Ökonomik und aus der Ethik versucht das dritte, integrative Modell zu realisieren. Weder „Moralisieren" noch „Ökonomisieren" sollen hier gelten, die Zwei-Welten-Konzeption soll überwunden werden. Der Schweizer Wirtschaftsethiker Peter Ulrich von der Universität St. Gallen zielt in diesem Sinne auf ein lebensdienliches Wirtschaften, das dem Gemeinwohl und der Einzelperson dient. Die widersprüchlichen Rationalitäten von Ethik und Ökonomik sollen folglich hinfällig werden, in diesem Modell ist Ökonomik selbst und unmittelbar Wirtschaftsethik.

Jedoch übergeht dieser Ansatz die Auseinanderentwicklung von Wirtschaft und Moral. Schon Aristoteles führte diesen Prozess der Emanzipation der Ökonomie von der Ethik auf die Vermehrung von Reichtum zurück, wobei die allgemeine Versorgung der Gesellschaft mit Gütern in den Hintergrund trat. Angesichts dieser realen Entwicklungen erscheint die Versöhnung von Ökonomik und Ethik als Utopie, die aktuell nicht einholbar ist, jedoch als ideale Zielperspektive bleibende Gültigkeit hat.

Die Zuordnungsversuche von Markt und Moral müssen weitere gesellschaftliche Wirkmechanismen, wie etwa das *Recht* mit in den Blick nehmen. Denn Unternehmensethik ergänzt die rechtlichen Vorgaben der wirtschaftlich-sozialen Rahmenordnung im Sinne einer Selbstverpflichtung des Unternehmens. Sind Unternehmen zur Einhaltung der Gesetze unter staatlicher Sanktionsandrohung gehalten, so verpflichten sich Unternehmen durch ihre Unternehmensethik selbst auf die Umsetzung besonderer Werte und Ideale, die etwa im Unternehmensleitbild oder in der Unternehmensverfassung formuliert sind. Die Öffentlichkeit kontrolliert die Selbstverpflichtung und die Stakeholder drängen u.U. auf Realisierung von bestimmten Werten in der Unternehmenspraxis. Die Unternehmensethik ergänzt die gesetzlichen Normen, die einzuhalten sind, durch andere, rechtlich nicht kodifizierte und sanktionierte Normen, die für die Stakeholder, die Öffentlichkeit und auch für die Unternehmensleitung selbst von Bedeutung sind. Durch gesellschaftliche Entwicklungen können sich die Verhältnisse etwa von Recht und Moral verschieben, beispielsweise wenn bestimmte moralische Normen etwa des Umweltschutzes oder der Gleichstellung zu gesetzlichen Normen werden, oder wenn gesetzliche Normen, wie etwa die erhöhte Besteuerung der Leistungsfähigen im Steuersystem entfallen aber durch moralische Forderungen weiter vertreten werden. So wird die Moral des Unternehmens zu einem dritten Steuerungsmittel neben Markt und Recht.

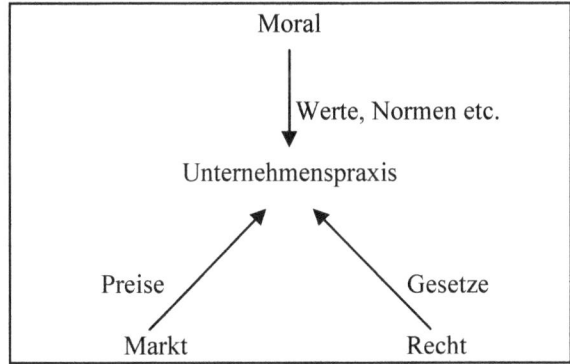

Der Zusammenhang von Markt, Moral und Recht
(eigene Darstellung, angeregt durch Steinmann & Löhr 1994)

**Aufgaben zur Weiterarbeit**
1. Welche der drei Zuordnungsmöglichkeiten von Ethik und Ökonomik leuchtet Ihnen am meisten ein? Aus welchen Gründen?
2. Welche Bedeutung haben Ethik und Moral über Recht und Gesetz hinaus?

## 2. Erfolg und Ethik im Unternehmen

„Wirtschaftsethik beschreibt die ethischen Grundlagen, die bei der Lösung wirtschaftlicher Fragestellungen berücksichtigt werden sollten. Die ethischen Grundlagen können dabei auch aus nicht wirtschaftlichen Hintergründen entstehen."[11]

Der Zusammenhang von Unternehmenserfolg und Ethik stellt eines der wichtigen Fragestellungen der Unternehmensethik dar. Er kann mit Homann & Blome-Drees in vier Kategorien systematisiert werden:

*Der positive Kompatibilitätsfall*: Gute Rentabilität und hohe moralische Akzeptanz kommen im unternehmerischen Handeln zusammen. Moral und Profit sind vereinbar, d.h. mit Ethik ist Gewinn zu machen. Diese „multiple Win-Situation" ist idealerweise anzustreben. Dazu soll versucht werden, Konfliktfälle zwischen Profit und Moral in diesen positiven Kompatibilitätsfall zu transformieren. In der Praxis finden wir diesen Fall durchaus, etwa dort, wo alternative Energieproduktion oder Energieeinsparungen zu moralischen Imagegewinn und zu Produktionskostensenkungen führen. Auch die Fortbildung von Mitarbeitenden kann ethisch bedeutsam sein und sich mittel- oder langfristig für das Unternehmen im Wettbewerb günstig auswirken.

*Der moralische Konfliktfall*: Schwierigkeiten können einem Unternehmen entstehen, wenn es zwar ökonomisch erfolgreich, aber moralisch fragwürdig erscheint. Profit und Moral sind hier nicht vereinbar. Das wettbewerbskonforme Verhalten gerät in öffentlicher oder unternehmensinterner Sicht in Konflikt mit ethischen Werten. Das können Verstöße gegen das Gesetz sein, es können aber auch moralische Konflikte sein, etwa wenn Waffen produziert werden. Das Unternehmen kann im Sinne einer Wettbewerbsstrategie das eigene Verhalten ändern und im Beispiel des Waffenproduzenten auf die Produktion von zivilen Gütern umstellen. Oder es versucht im Sinne einer ordnungspolitischen Strategie eine gemeinsame Verhaltenskoordination mit den anderen Wettbewerbern zu erreichen.

*Der ökonomische Konfliktfall*: Die Erfüllung moralischer Normen gerät in Konflikt mit dem ökonomischen Unternehmenserfolg. Auch in diesem Fall sind

---

[11] Spontandefinition des Begriffs „Wirtschaftsethik" eines/r Studierenden, vgl. Fußnote 1.

Ethik und Unternehmenserfolg nicht zu vereinen. Beispielsweise werden die besonders sparsamen Autos wegen ihres hohen Preises oder aus anderen Gründen nicht gekauft oder die Aufwendungen des Unternehmens für Sozial- und Kultursponsoring belasten die Profitspanne und führen nicht zum gewünschten wirtschaftlichen Erfolg. Eine ordnungspolitische Strategie, die etwa auf die staatliche Förderung von Sparautos hinwirkt oder Sponsoring steuerlich höher absetzbar macht, könnte hier zielführend sein.

*Der negative Konfliktfall*: Wenn weder ökonomische noch moralische Anforderungen erfüllt werden können, bleibt dem Unternehmen nur der Marktaustritt. Das ist z.B. bei den amerikanischen Autokonzernen in der Wirtschaftskrise 2008/2009 der Fall, die mit ihren überdimensionierten Fahrzeugen angesichts gestiegener Kraftstoffkosten weder genügend Käufer noch moralische Akzeptanz fanden. Hier bleibt nur eine Marktaustrittsstrategie übrig, sofern keine schnelle Transformation gelingt.

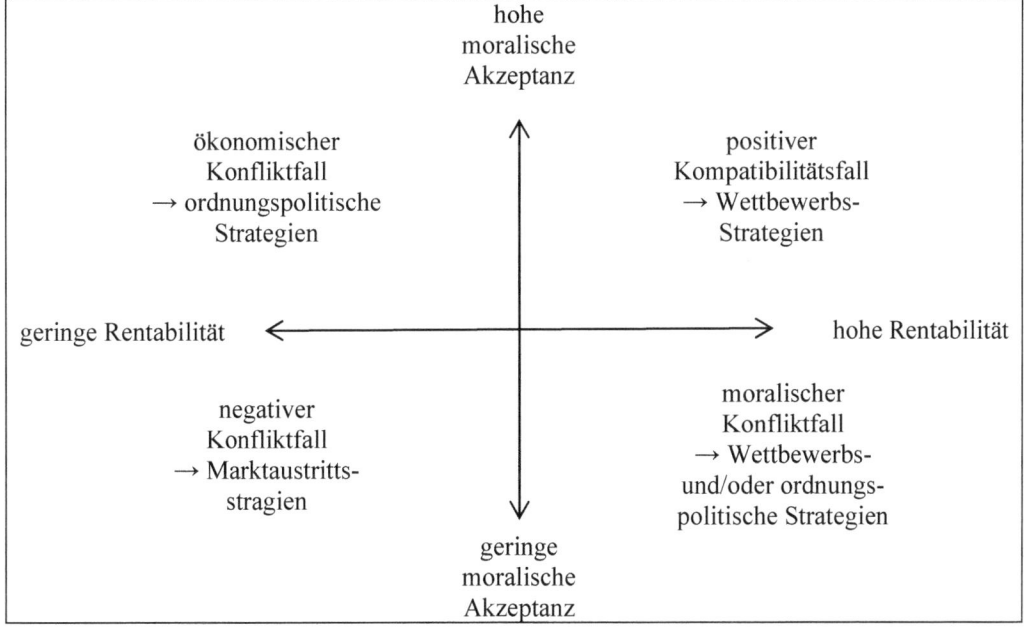

Unternehmen zwischen Gewinn und Moral
(eigene Darstellung, angeregt durch Homann & Blome-Drees 1992)

Peter Ulrich ordnet in seinem Buch „Integrative Wirtschaftsethik" (3. Aufl. 2001) die verschiedenen Ansätze der Unternehmensethik vier grundlegenden Typen zu, die in je spezifischem Verhältnis zum Gewinnprinzip stehen. Ulrich selbst vertritt bzw. favorisiert den Typ der integrativen Unternehmensethik.

*Die instrumentalistische Unternehmensethik* lässt ethische Überlegungen zu, fordert sie sogar als wichtigen Aspekt kluger Unternehmensführung. Ethik wird hier zum „Rentabilitätsfaktor", ja, zum „kritischen Erfolgsfaktor" (Ulrich 2001, 418) unternehmerischen Handelns. Es gehe hier nicht um den „Eigenwert moralischer Gesichtspunkte", sondern um ihre „Funktionalität" für den Unternehmenserfolg bzw. -gewinn. Als Vertreter dieses Ansatzes zitiert Ulrich (2001, 419) hier Josef Wieland, der 1994 schrieb: „Aktives Wertemanagement und Moralcontrolling ist in modernen Gesellschaften ein Element modernen Firmenmanagements ... Firmen müssen in Moral investieren, wenn sie ihr Verbleiben in der Gesellschaft und damit im Markt sicherstellen wollen." Ähnlich, aber kürzer fasste R.C. Baumhart bereits 1961 in der Havard Business Review (Vol. 39, 228) zusammen: „Sound ethics is good business in the long run." Bei diesem Ansatz geht es jedoch im Kern nicht um Ethik, sondern um strategische Klugheit im Blick auf eine Verbesserung der gesellschaftlichen Akzeptanz des Unternehmens und der Erhöhung der Mitarbeitermotivation. Dazu wird die Ethik instrumentalisiert.

*Die karitative Unternehmensethik* basiert auf der Idee, das unternehmerische Handeln strikt am Prinzip der Gewinnmaximierung auszurichten. Als „karitativ" bezeichnet wird dieser Ansatz, weil aus dem Gewinn „nachträglich außerökonomische Wertansprüche an das Unternehmen bedient werden können und sollen" (Ulrich 2001, 422). Bestimmte kommerziell erwirtschaftete Gewinnanteile werden also für wohltätige Zwecke eingesetzt, für kulturelle, soziale oder wirtschaftliche Förderprojekte, Stiftungen und dergleichen. „Unternehmensethik nimmt dann die Form einer Spendenethik oder einer karitativen (Almosen-)Ethik ‚Post festum', d.h. nach erfolgreich bewältigter Wettbewerbsschlacht an." (Ulrich 2001, 422). Diesen Ansatz vertritt Schneider (1990, zit.n. Ulrich 2001, 422) mit dem Postulat: „Nur wer Überschüsse erzielt hat, kann sie guten Zwecken zuführen." Oder auf amerikanisch: „Corporate social responsibility is fine, if you can afford it." (Ulrich 2001, 423). Die großen Wohltäter unter den erfolgreichen Unternehmern der Globalisierung kommen uns hier in den Sinn, wie z.B. Bill

Gates, der Microsoft-Gründer. Sein Unternehmen war überaus erfolgreich, die Erwirtschaftung seines Gewinns erfolgte mit brachialen Methoden. Ein Quasimonopol wurde aufgebaut und verteidigt, das für Kunden und Händler, aber auch für die Konkurrenz zu vielen Nachteilen führte. Umso mehr war es für das Image von Bill Gates und seiner Firma nötig, sich als globalen Wohltäter darzustellen. Aus seinen Microsoft-Gewinnen gründete er 1999 die größte Stiftung der Welt: Die „Bill & Melinda Gates Foundation" wurde zunächst mit weit über 30 Mrd. US $ ausgestattet und widmet sich der Bekämpfung von Krankheiten insbesondere in den Entwicklungsländern. Warren Buffet, der als zweitreichster Mann der Welt galt, stiftete nochmals gut 32 Mrd. Dollar zu.

*Die korrektive Unternehmensethik* hält an der Vorherrschaft und der Richtigkeitsvermutung des Gewinnprinzips fest. Allerdings sei Unternehmensethik als ‚situationales Korrektiv' des Gewinnprinzips zu aktivieren, und zwar ausschließlich „im ‚Einzel-', ‚Ausnahme-' oder ‚Konfliktfall', wenn diese Richtigkeitsvermutung durch ethische Bedenken von Betroffenen oder durch manifeste Konflikte mit ihnen erheblich in Frage gestellt wird". Aus dem deutschsprachigem Raum wird dieser Ansatz beispielsweise von Horst Steinmann und Mitarbeitenden vertreten. Die Faustformel für diesen Ansatz lautet: „Gewinnprinzip und Unternehmensethik stehen ... im Verhältnis von Regel und Ausnahme." (Ulrich 2001, 425, mit Bezug auf Steinmann & Löhr 1985, 1988 und 1994). Darauf entgegnet Peter Ulrich (2001, ebd.): „Die Allgegenwart ethisch problematischer (markt-)interner ebenso wie externer Effekte spricht allerdings eher dafür, den behaupteten Ausnahmefall als den lebenspraktischen Normalfall zu betrachten." Das unternehmerische Gewinnstreben findet also eine durch das Unternehmen bzw. seine Führung selbst gesetzte ethische Begrenzung, aber nur für den Fall, dass das Unternehmen oder sein Erfolg dann gefährdet wären, wenn diese ethische Selbstbegrenzung nicht eingesetzt würde. Ethik wird also zum situativen Korrektiv des Unternehmenserfolgs. Sei ein ungezügeltes Gewinnstreben jedoch ohne Konflikte mit den inneren und äußeren Bezugsgruppen (Stakeholder) des Unternehmens möglich, könne das Unternehmen zur ökonomischen Normalität übergehen, die keine Ethik benötige.

*Die integrative Unternehmensethik* nach Peter Ulrich selbst versucht jegliches unternehmerisches Handeln auf ein ethisches Fundament zu stellen. Er fordert, „das unternehmerische Erfolgs- und Gewinnstreben kategorisch der normativen Bedingung der Legitimität unterzuordnen" (Ulrich 2001, 428). Daher lautet seine

Definition: „Integrative Unternehmensethik versteht sich als permanenter Prozess der vorbehaltlosen kritischen Reflexion und Gestaltung tragfähiger normativer Bedingungen der Möglichkeit lebensdienlichen unternehmerischen Wirtschaftens." Ihren Härtetest erfährt die so basierte Geschäftsintegrität dann, „wenn erfolgbringende und zugleich ethisch tragfähige Geschäftsstrategien nicht ohne weiteres gefunden oder entwickelt werden können" (428). Im Zweifelsfall müsse das Unternehmen dann auf die entsprechenden Gewinnchancen verzichten. Ulrich unterscheidet zwei Stufen einer solchen integrativen Unternehmensethik: Zum einen gehöre sie in den Bereich einer Geschäftsethik, die die von den Verantwortlichen des Unternehmens selbst gewählte Wertschöpfungskette betrifft. Hier geht es darum, beides zu verbinden: den „lebensdienlichen Unternehmenszweck" und die „tragfähige normative Geschäftsgrundlage", die Ulrich auch als „Legitimitätsprämisse und Sinngebung" der Unternehmung bezeichnet (430). Auf einer zweiten Stufe steht das Ziel einer „republikanischen Unternehmensethik", die die gegebenen Wettbewerbsbedingungen kritisch hinterfragt. Hier geht es um den weiteren Horizont einer „branchen- und ordnungspolitischen Mitverantwortung der Privatwirtschaft" (434). Beispiel für eine branchenpolitische Mitverantwortung ist die „Kompensation fehlender gesetzlicher Regelungen" zu internationalen Sozial- oder Umweltstandards durch ein Selbstverpflichtungsprogramm internationaler Unternehmen oder Verbände. Der Internationale Verband der Chemischen Industrie etwa hat eine Selbstverpflichtung mit dem Namen „Responsible Care" erarbeitet und verabschiedet.

Diese Reflexion zur integrativen Unternehmensethik und den anderen unternehmensethischen Ansätzen soll vorerst genügen, um die Funktion von Ethik im Blick auf die Prämissen des Wirtschaftens aufzuzeigen. Bleiben Gewinnmaximierung und Unternehmenserfolg oberste Kriterien für unternehmerisches Handeln, dann haben wir es mit einer ökonomistischen Verkürzung der Unternehmensziele zu tun, die von jeglichen ethischen oder normativen Grundlagen und Zielen abstrahiert. In der traditionellen Ökonomik spricht man von der so genannten Formalzielorientierung. Gemeint ist die vermeintlich norm- und wertfreie Ausrichtung auf die Gewinnmaximierung, egal mit welcher Geschäftsidee sie realisiert wird. Im Verständnis Ulrichs ist hingegen die Ethik als kritische Grundlagenreflexion des unternehmerischen Gewinnstrebens zu verstehen, die sich inhaltlich d.h. materialiter an der so genannten „republikanisch-politischen Mitverantwortung" ausrichtet (429).

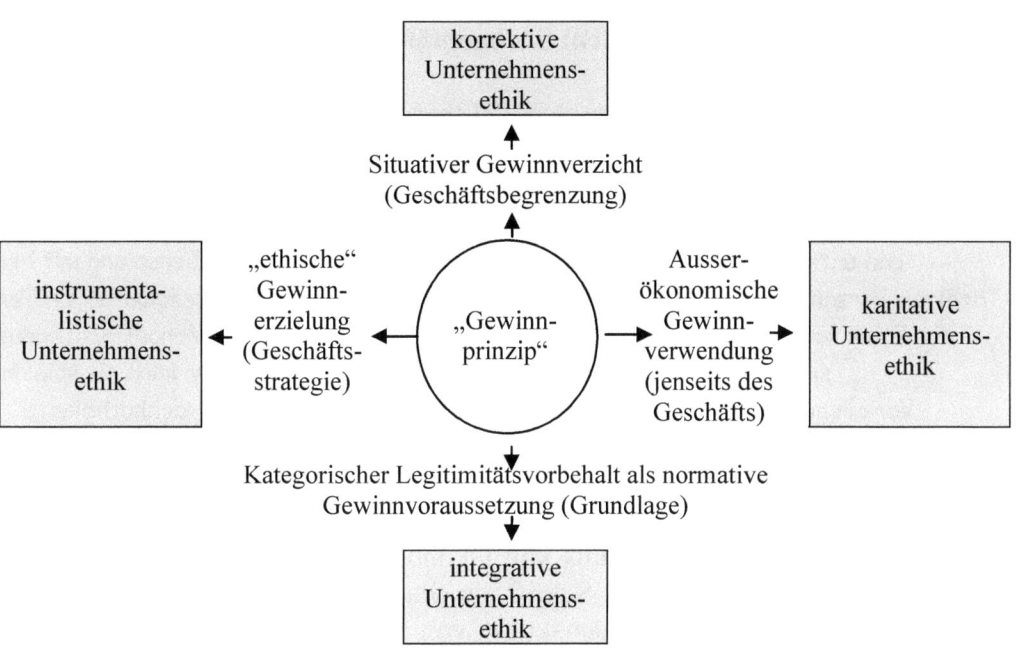

Unternehmensethische Typen und Gewinnprinzip
(eigene Darstellung, angeregt durch Ulrich 2001)

**Aufgaben zur Weiterarbeit**
1. Suchen Sie weitere Beispiele aus der Unternehmenspraxis für die vier Spannungsfelder von Moral und Profit nach Homann & Blome-Drees!
2. Entwickeln Sie Anwendungsmöglichkeiten der vorgeschlagenen Strategien im Blick auf Ihre Praxisbeispiele!
3. Suchen Sie Beispiele aus der Praxis von Unternehmen für die vier Grundtypen der Unternehmensethik nach Ulrich!
4. Diskutieren Sie mögliche Vorteile und Nachteile jedes unternehmensethischen Typus' nach Ulrich!
5. Inwiefern teilen Sie die hier gegebene Beurteilung der Spendenethik von Bill Gates als karitative Unternehmensethik seiner Firma Microsoft?

# 3. Lebensdienliches Wirtschaften: Sachgemäßes und Menschengerechtes

„Die Hinterfragung von betriebswirtschaftlichen Entscheidungen in Bezug auf unsere ethischen Grundsätze, die wiederum sehr vielfältig sein können. Ethik beinhaltet/umschließt soziale, ökologische, technische und wirtschaftliche Fragestellungen. ... Ferner befasst sich die Wirtschaftsethik mit kulturellen Aspekten und Begebenheiten und untersucht dabei Ursachen dafür. Wirtschaftsethik ist ebenso eng mit der Theologie verzahnt und soll helfen, Entscheidungen zu treffen. Auch Religion ist ein Teil der Ethik, wobei dies im Unternehmenskontext zu sehen ist. Auf Managementebene spielt die Wirtschaftsethik ebenso eine große Rolle bzw. kann sie spielen. Vor allem scheint heutzutage wichtig: soziale Verantwortung (Nachhaltigkeit)!"[12]

Angesichts der meist unhinterfragten oder als unhinterfragbar dargestellten Prämissen gegenwärtiger marktwirtschaftlicher Ordnung erscheint es nötig, sich grundsätzlich mit dem Verständnis von Ökonomie auseinanderzusetzen. Schon Aristoteles unterschied in seiner Schrift zur Staatstheorie „Politika" den Begriff „oikonomiké" als Hausverwaltungskunst von „chresmastiké", dem Kapitalerwerbswesen (vgl. Segbers 2002, 114-117). Die Hausverwalterökonomie zielt darauf, nützliche und notwendige Güter im Einklang mit der Natur herzustellen und diese für ein gutes Leben zu gebrauchen. Die Kapitalerwerbsökonomie hingegen dient dem – sich immer wieder gegen Natur und Mensch auswirkenden – Erwerb und der Vermehrung von Gütern und Geld durch Handels- und Zinsgewinn.

Um den Denkhorizont zu erweitern, werden zunächst diese beiden gegensätzlichen Ökonomiekonzepte im Anschluss an Franz Segbers (2002, 364) dargestellt. Ein Verständnis lebensdienlichen Wirtschaftens wird etwa bei Aristoteles, aber auch in der hebräischen Bibel, im Koran und an anderer Stelle (z.B. bei Amartya Sen) beschrieben. Hier geht es um die Versorgung mit den zum Leben notwendigen Gütern und um ein Maßhalten zugunsten gerechter Sozialbeziehungen. Dem steht die moderne Idee einer Ökonomie des Marktes gegenüber. Zu ihr gehört die künstliche Schaffung von Nachfrage nach nicht lebensnotwendigen und z.T. lebensschädlichen Gütern, sowie die Prinzipien des Eigennutzes und der Gewinnmaximierung.

---

[12] Spontandefinition des Begriffs „Wirtschaftsethik" eines/r Studierenden, vgl. Fußnote 1.

| Ökonomie-konzept / Kategorie | Lebensdienliches Wirtschaften / Ökonomie der Sorge | wettbewerbliches Wirtschaften / Ökonomie des Marktes |
|---|---|---|
| Herkunft | Aristoteles, Bibel u.a. | Adam Smith, kapitalistische Theorie, moderne Wirtschaftswissenschaften |
| Grund-prinzip | Versorgung mit Gütern | Eigennutz, Gewinnmaximierung, Wachstum |
| Ziel | Befriedigung der natürlichen Bedürfnisse, Gebrauch der Güter für ein gutes Leben | Befriedigung einer z.T. künstlich geschaffenen Nachfrage, Kapitalerwerb, Geldvermehrung, Wachstum, wachsender Wohlstand |
| Fertigkeit | Ökonomie als Kunst, ethische Orientierung: Gerechtigkeit und Maß | Trennung von Ökonomie und Ethik, Gewinnmaximierung als Sachzwang |
| Ökonomi-sche Tugend | Maßhalten, Sorge üben, solidarische Sozialbeziehungen | Sachzwangdenken, Eigennutz, Konkurrenzbeziehungen |
| Funktions-weise | Produktion von Gebrauchsgütern, Kreislaufwirtschaft ohne oder mit geringem Fernhandel | Markt zum Güteraustausch, Handel, Kapital/Geld/Zins zur Kapitalbeschaffung für Investitionen, Wettbewerb durch Angebot und Nachfrage, Gewinnwirtschaftung, Preis als Ergebnis von Tausch, Lohn als Marktpreis |
| Wirt-schafts-subjekte | Personenverbände | Marktprozesse |

Zwei gegensätzliche Ökonomiekonzepte
(eigene Darstellung angeregt durch Bien 1990 und Segbers 2002)

Im Anschluss an das Konzept lebensdienlichen Wirtschaftens legt der Schweizer evangelische Theologe, Sozial- und Wirtschaftsethiker Arthur Rich (1910-1992) vier Grundzwecke wirtschaftlichen Handelns zugrunde, die von gesellschaftlicher Relevanz sind (Rich 1990, 386-400):

| | | |
|---|---|---|
| *Humaner Zweck* erfülltes Leben durch Arbeit, Humanität der Arbeitsverhältnisse | | *Sozialer Zweck* Solidarität und Gerechtigkeit |
| | Wirtschaft | |
| *Fundamentaler Zweck* Lebensdienlichkeit, materielle Existenzsicherung, | | *Ökologischer Zweck* Wohl der Natur, Bewahrung der Schöpfung |

Das Viereck wirtschaftlicher Zwecke
(eigene Darstellung zu Rich 1990, 386-400)

Grundlegend für die Ökonomie ist nach Rich ihre ethische Fundierung auf den Prinzipien des Sachgemäßen und des Menschengerechten (vgl. Rich 1987, 76-82), die sich wie deskriptive Seinsbeschreibung und präskriptive Sollensforderung zueinander verhalten.

*I. Sachgemäßes*

Das Sachgemäße betrifft also die möglichst zutreffende Beschreibung des faktischen Seins, der Zustände in der Wirtschaft und Gesellschaft. Hier leisten die empirischen Wissenschaften ihren notwendigen Beitrag. Sie stellen fest, was ist, beschreiben, wie etwas funktioniert oder wie sich etwas verhält. Wirtschafts-  ethik benötigt diese Sachkenntnis anderer Wissenschaften als Grundlage ihrer eigenen Aufgaben. Auch das Wirtschaften hängt etwa von den Naturgesetzen ab, die als biologisch-geographische oder ökologische Rahmenbedingungen der Produktion beachtet werden müssen, wie z.B. Lage, Landschaft, Klima, Bodenbeschaffenheit, Grenzen.

Davon zu unterscheiden sind aber die Sachnotwendigkeit („Sachzwänge" od. „Eigengesetzlichkeiten"), die in der Wirtschaft selbst entstehen bzw. wirken. Bei ihnen ist zu beachten, dass sie, wie die Wirtschaft selbst, geschichtliche Kulturerzeugnisse sind, die von Menschen gemacht wurden und von ihnen weiterhin beeinflussbar bleiben. Diese Beeinflussbarkeit scheint sich dem Menschen, insbesondere der Einzelperson, allerdings deswegen immer wieder zu entziehen, weil komplexe wirtschaftliche Gebilde (Unternehmen, Verbände, Organisationen, Rahmenordnung) entstanden sind, auf die die Entscheidung bzw. Willensbildung des Einzelnen nur sehr geringen Einfluss zu haben scheint. Deshalb redet man von der „Eigengesetzlichkeit" und den „Sachzwängen" der Wirtschaft, die oft hingestellt werden, als ob sie objektive, unbeeinflussbare Faktoren in der Art der Naturgesetze darstellten. Reale wirtschaftliche Sachnotwendigkeiten sind nach Rich allerdings die Faktoren: Planung, Effizienz und Wettbewerb.

Menschliches Wirtschaften ist jedoch von verschiedenen Grundinteressen bestimmt. So führt das Gewinnstreben der Erwerbswirtschaft zur individuellen oder kollektiven Bereicherung mit dem Nebeneffekt der Deckung eines gesellschaftlichen Bedarfs. Wird dieses spezielle Grundinteresse der Bereicherung zum beherrschenden Strukturprinzip des Wirtschaftens, dann entstehen Sachzwänge und Eigengesetzlichkeiten, die nicht mit der rationalen Struktur des Wirtschaftens selbst zusammenhängen. So werden auch Tendenzen zur Verdrängung von Wettbewerbern bis hin zu Kartellbildungen begünstigt, die den Anschein von harten unabänderlichen Sachgesetzen haben können. Faktisch bleiben auch sie menschlich beeinflussbar: Kartelle z.B. sind durch politische Willensbildung, gesetzliche Regelungen und entsprechende Exekutionen des Kartellamtes oder von Gerichten zu verhindern. Es muss also unterschieden werden zwischen wirklichen und vermeintlichen Sachgesetzlichkeiten.

Zusammenfassend postuliert Rich, „dass nicht wirklich menschengerecht sein könne, was nicht sachgemäß ist, und nicht wirklich sachgemäß, was dem Menschen widerstreitet." (81)

## II. Menschengerechtes

Der Begriff „menschengerecht" wird von Rich präskriptiv und normativ verstanden. Es geht dabei um das Sollen, um die Formulierung einer Ordnung, die ein menschenwürdiges Leben ermöglicht. Das Menschengerechte kann deshalb nicht objektiv-wissenschaftlich gesichert werden, es bleibt stets subjektiv, denn es basiert auf Werterfahrungen und Wertentscheidungen von menschlichen Subjekten. Auch wenn es keine objektive und allgemeingültige Übereinkunft über das Menschengerechte gibt, so ist hier doch ein moralischer Konsens für bestimmte Gruppen und Gesellschaften denkbar, wie er sich tatsächlich kulturell jeweils ausgeprägt hat und in die verfassungsrechtlichen Grundlagen eines Landes eingegangen ist. Rich kommt aus theologisch-philosophischen Ableitungen zu Kriterien für das Menschengerechte. Er fasst sie zusammen unter der Überschrift „*Humanität aus Glauben, Hoffnung und Liebe*" (105). In diesen drei Begriffen findet er allgemein menschliche und speziell christliche Erfahrungen (vgl. I.4).

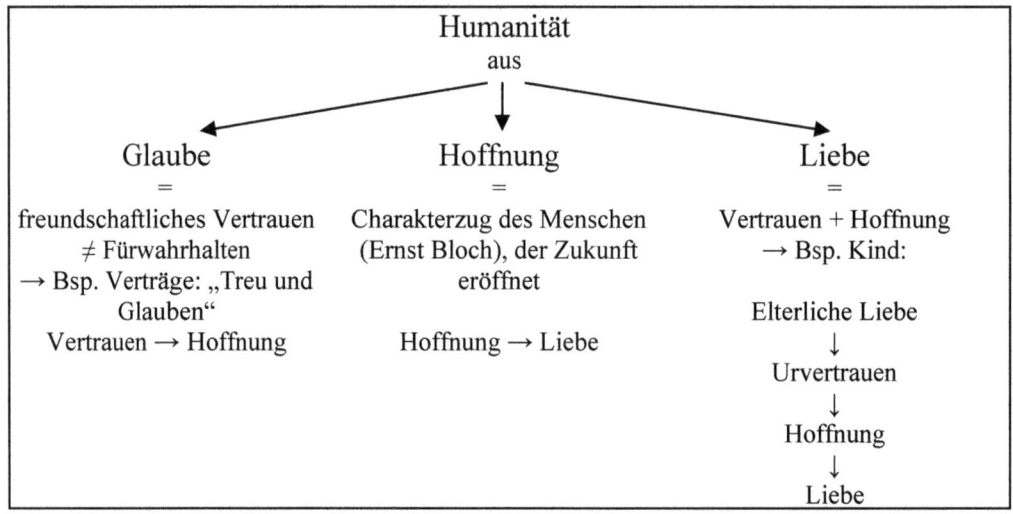

Humanität aus Glaube, Hoffnung und Liebe als Wertgrundlage der Wirtschaftsethik
(eigene Darstellung zu Rich 1987, 105-122)

Die so dargestellte Humanität lässt sich nach Rich auf biblischer Grundlage weiter konkretisieren. So formuliert er *sieben „Kriterien des Menschengerechten"*, die er zugleich als „Prinzipien christlicher Existenz" und „wahrer Humanität" (172) bezeichnet. Die Kriterien des Menschengerechten lassen sich systematisch ordnen in methodische, anthropologische und sozialethische Kriterien (vgl. Röhr 1998, 81f.).

*A. Kriterien methodischer Art*
*1. Kritische Distanz:* Da „die Welt" niemals perfekt sein werde, sei eine „kritische Distanz zur Welt" und „den ihr eigentümlichen Strukturen in Staat, Gesellschaft, Wirtschaft usf." (Rich 1987, 181) nötig. Das gründe biblisch etwa in dem Satz des Paulus: „Macht euch nicht dieser Welt gleich!" (Röm. 12,2). Für die Wirtschaft bedeutet das, „dass kein Ordnungssystem ... so etwas wie einen Anspruch auf Letztgültigkeit erheben kann" (180), weder der Liberalismus, noch der Sozialismus oder der Kapitalismus. Wo ein System ihn erhebe, da stelle es sich über den Menschen; so komme es zum „Humanitätszerfall" (181).
*2. relative Rezeption:* Das erste Kriterium benötige ein weiteres. Denn stehe die Distanz allein, bestehe die Gefahr, dass „die Welt", die Gegenwart etc. negiert, vermieden werden, dass Utopisten aus ihr flüchteten. Es ist also nötig, sich auf

die Welt einzulassen und nicht aus ihr zu fliehen in Drogen, Esoterik, Konsumrausch, Terrorismus etc. Dazu gehört auch, die wirtschaftliche Wirklichkeit ernst zu nehmen.

*3. Relationalität:* Bei diesem Kriterium geht es „um den menschengerechten Umgang mit den ethischen Werten und Tugenden" (184). Es solle kein Wert absolut gesetzt werden, sondern jeder Wert sei einzubetten in das Menschengerechte als Ganzes. Den im alten Griechentum postulierten Gegensatz von Freiheit (Herr/Bürger) und Dienstbarkeit (Sklave) zum Beispiel habe Martin Luther (1483-1546) dialektisch aufgelöst, indem er 1520 schrieb: „Ein Christ ist zugleich freier Herr und dienstbarer Knecht." Durch die Liebe werden Freiheit und Dienstbarkeit zu relationalen Werten, d.h. beide bleiben aufeinander bezogen, ohne dass einer verabsolutiert, der andere negiert, oder die goldene Mitte (Aristoteles) zwischen den Extremen gesucht wird. Denn Humanität lässt sich nicht auf einen einzelnen ethischen Grundwert reduzieren.

*B. Kriterien anthropologischer Art*

*4. Geschöpflichkeit:* Die menschliche Existenz habe ihren Grund nicht in sich selbst, sondern außerhalb ihrer – damit sei der Mensch biblisch gesehen allen Geschöpfen (Tieren, Pflanzen) gleichgestellt. Er werde aber herausgehoben als ein einzigartiges Wesen, dem sich Gott offenbart und das zu Gott ein besonderes Verhältnis haben kann.

*5. Mitmenschlichkeit:* Im Gebot „Du sollst Deinen Nächsten lieben wie Dich selbst" komme die Spannung und gegenseitige Ergänzung von Ich- und Du-Bezug zusammen: Nächsten- und Eigenliebe bedingen einander. Der Mensch sei ein Wesen mit „dialogischem Charakter" (193), der die Beziehung von Ich und Du brauche. Weder Einsamkeit, Egoismus oder Individualismus noch Dauergemeinschaftlichkeit, Altruismus oder Kollektivismus seien gut, vielmehr seien sie „die Totengräber der wirklichen Humanität" (193).

*C. Kriterien sozialethischer Art*

*6. Mitgeschöpflichkeit:* Wir würden heute von einem ökologischen Kriterium sprechen. Der Mensch habe biblisch verstanden die Doppelfunktion des aktiven Gestalters (homo faber) und des schirmenden Behüters (homo conservator) – er solle den Garten Eden bebauen und bewahren (1. Mose 2,15). Sein Auftrag, sich die Erde untertan zu machen und über den Rest der Schöpfung zu herrschen (1. Mose 1,28), dürfe nicht zur Ausbeutung der Natur führen, sondern sei immer gemeint als menschliche Herrschaft unter Gottes Herrschaft, die niemals Herrschaft gegen, sondern immer für die Schöpfung sei. Ökonomie und Ökologie gehören zusammen und sollen sich möglichst günstig ergänzen.

7. *Partizipation:* Die erste christliche Gemeinde der Welt in Jerusalem habe versucht, eine Gütergemeinschaft zu leben. Ziel war die Teilhabe der Unvermögenden am Vermögen der Wohlhabenden und die Realisierung gesellschaftlicher Partizipation bzw. sozialen Ausgleichs. Wo es hingegen zu Machtkonzentration und Monopolen komme, sei die Teilhabe gefährdet und mit ihr die ganze Humanität.

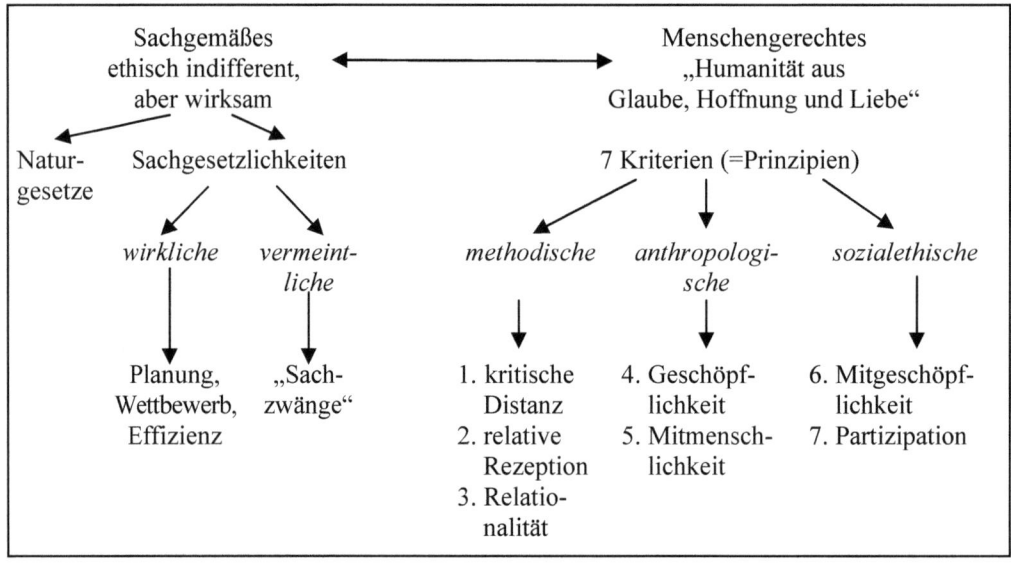

Sachgemäßes und Menschengerechtes in der Wirtschaftsethik nach Arthur Rich
(eigene Darstellung zu Rich 1987, 173-200)

Da Rich selbst seine Kriterienbildung als offen verstand, wurde sie verschiedentlich ergänzt und gewichtet. So hat Thomas Röhr (1998, 124-128) zwei neue Kriterien im Blick auf eine ethisch basierte Personalpolitik im Unternehmen entwickelt: Das Kriterium der „*Kommunikabilität*" zielt im Sinne der Diskursethik und eines stakeholderorientierten Ansatzes als Erweiterung des Richschen Partizipationskriteriums auf die Beteiligung aller von einer wirtschaftlichen Entscheidung Betroffenen. Das Kriterium der „*Kontextualität*" führt die Betrachtung ethischer Entscheidungen aus dem besonderen Lebenszusammenhang, z.B. von

Frauen als Arbeitnehmerinnen oder von Mitarbeitenden mit Migrationshintergrund, ein.

| Fundamentalprämisse | Humanität aus Glaube, Hoffnung und Liebe |
|---|---|
| Kriterien | Sieben Kriterien des Menschengerechten: Kritische Distanz, relative Rezeption, Relationalität, Geschöpflichkeit, Mitmenschlichkeit, Mitgeschöpflichkeit, Partizipation |
| Maximen | Zusammenführung von Sachgemäßem und Menschengerechten, von Seinsbeschreibung und Sollensforderung zur ethischen Bewertung von Handlungsmöglichkeiten |

Die drei Ebenen der Wirtschaftsethik nach Arthur Rich
(eigene Darstellung zu Rich 1987)

Unterhalb der Fundamentalprämisse der Humanität und der sieben Kriterien des Menschengerechten werden nun für die ethische Urteilsbildung weitere Handlungsvorgaben benötigt, die auf einer konkreteren Ebene liegen. Rich nennt sie „Maximen". Im Gegensatz zu den Sollensforderungen der sieben Kriterien des Menschengerechten werden in den Maximen nun Sachgemäßes und Menschengerechtes, Seinsbeschreibung und Sollensforderung, Deskriptives und Präskriptives wieder zusammen gebracht. Realität und Ideal müssen auf dieser Ebene miteinander vermittelt werden. Maximen geben Antworten auf die Fragen nach der Ordnung von Familie, Staat und Wirtschaft. Sie können nur „zirkulär" gewonnen werden, indem man sachliche Situationserhebung und humanitäre Kriterien in wechselseitige Beziehung zueinander setzt. Rich entwickelt dazu ein fünfstufiges Verfahren zur Maximenbildung in konkreten ethischen Entscheidungssituationen, das dem Modell von Tödt (vgl. III.1) sehr ähnlich ist.

Da Rich davon ausging, dass Maximen für jeweils spezifische Situationen in einem zirkulären Prozess entwickelt werden müssen, war er recht zurückhaltend damit, seinerseits Maximen zu entwickeln, die verallgemeinerbar wären (vgl. aber Rich 1990). Gleichwohl ist sein wirtschaftsethisches System auf verschiedene wirtschafts- und unternehmensethische Fälle angewandt und konkretisiert worden.

So wurde es für Entscheidungen bei Raumplanung und Bodenrecht in der Schweiz schon Mitte der 1970er Jahre eingesetzt. Im Blick auf den Umgang mit Waldgebieten entwickelte Rich etwa die Maxime, dass der Wald nicht zu sozialisieren sei, bei diesem Bodeneigentum jedoch eine besondere Sozialpflicht bestehe (Wolf 2009, 143f.): Trotz forstwirtschaftlicher Nutzung müsse der Wald als Erholungsraum jedem offen stehen.

1981 veröffentlichte das Institut für Sozialethik der Universität Zürich, an dem Rich vormals tätig war, eine wirtschaftsethische Studie zum Schweizer Bankgeheimnis, die das Instrumentarium Richs anwandte (vgl. Wolf 2009, 146f.). Sie empfiehlt, die schweizerische Gesetzgebung zum Bankgeheimnis an die vergleichbaren Industriestaaten anzupassen. Denn mit ihrem außergewöhnlichen Schutz des Bankgeheimnisses habe sich die Schweiz zur Steueroase entwickelt, die zur Steuer- und Kapitalflucht in anderen Ländern führe, denen dann die betr. Steuereinnahmen fehlten.

Weitere Konkretionen erfuhr das Modell Richs auch in Fragen des Lebensstils, der Bewahrung des Weltfriedens oder der Personalpolitik im Unternehmen (vgl. Röhr 1998).

Die Kriterien der Mitmenschlichkeit und Partizipation etwa führen Röhr (1998, 193) zur Formulierung folgender Maxime: „Integrative Personalpolitik ist allen Interessengruppen innerhalb und außerhalb des Unternehmens verpflichtet, die von ... personalpolitischen Entscheidungen betroffen sind. Insbesondere gilt dies gemäß dem menschengerechten Kriterium der Nächstenliebe für Gruppen von Mitarbeiterinnen und Mitarbeitern, die besonderen Benachteiligungen oder Beeinträchtigungen in ihrem Arbeits- und Wirkungskreis ausgesetzt sind. (...)"

**Aufgaben zur Weiterarbeit**

1. Worin sehen Sie die wesentlichen Unterschiede zwischen den beiden Konzepten des lebensdienlichen und des wettbewerblichen Wirtschaftens? Inwiefern stehen sie sich als gegensätzlich oder als sich ergänzend gegenüber?

2. Um welche zusätzlichen Felder müsste das Viereck wirtschaftlicher Zwecke nach Rich zu einem „Vieleck" ergänzt werden, das auch das wettbewerbliche Wirtschaftskonzept integriert?

3. Beschreiben Sie den Unterschied zwischen wirklichen und vermeintlichen Sachzwängen im ökonomischen Handeln nach Rich an verschiedenen Beispielen aus der Wirtschafts- und Unternehmenspraxis!

4. Welches der sieben Kriterien des Menschengerechten in der Wirtschaft ist für Sie das wichtigste, welches das unwichtigste? Begründen Sie beides!

5. Finden Sie Beispiele aus Ihrem ökonomischen Erfahrungshintergrund für eine verantwortliche Ausrichtung am Sachgemäßen und Menschengerechten!

# 4. Der Mensch als Gegenstand der Wirtschaftsethik: homo oeconomicus

*„Wirtschaftsethik = nicht nur nach dem größtmöglichen wirtschaftlichen Erfolg zu streben, aber auch nicht nur sozial agieren und den Mitarbeitern, Kunden und Lieferanten alles erlauben. Daher verstehe ich unter Wirtschaftsethik, den Mittelweg für sich als Entscheidungsträger/Manager zu finden."*[13]

Ökonomisch Handelnde legen ihrer Praxis stets ein bestimmtes Menschenbild zugrunde, ob sie sich dessen bewusst sind oder nicht. Faktisch prägen solche Menschenbilder das praktische Tun von Betriebswirten und die Handlungstheorien der Betriebswirtschaftslehre. Dabei treten mehr oder weniger große Differenzen in den Menschenbildern zutage, die kulturell, religiös und wissenschaftlich geprägt sind. In Mission Statement, Unternehmensleitbildern, Ethikkodices etc. schlagen sich Menschenbilder mehr oder weniger explizit nieder. Doch Manager, Mitarbeitende und Kunden haben oft sehr unterschiedliche Ansichten über das, was den Menschen ausmacht.

Der Ökonomik wird nachgesagt, dass sie sich über lange Phasen nicht reflektiert mit anthropologischen Fragen auseinander setzte, obschon ihre Theoriebildung immer ein bestimmtes Menschenbild implizierte. Jedoch steht am Anfang der modernen Wirtschaftswissenschaften der Moralphilosoph Adam Smith (1723-1790), der sich mit dem Wesen des Menschen und der Marktwirtschaft befasste. In der „Theorie der ethischen Gefühle" („The Theory of Moral Sentiments", 1759) widmete er sich der menschlichen Natur und ihrem Verhältnis zur Gesellschaft. Nicht eine höhere Instanz, sondern der Mensch selbst setze sich seine Schranken. Smith hatte demnach ein eher positives Bild vom menschlichen Verhalten. Das allgemeine, gesellschaftliche Glück werde – so Smith – maximiert, indem jede Einzelperson auf der Basis ihrer ethischen Gefühle versucht, das individuelle Glück zu erhöhen. Durch die „unsichtbare Hand" werde gleichzeitig auch das allgemeine, gesellschaftliche Glück erhöht. Diese Schlussfolgerung ist zwar im Sinne der Ethik durchweg „praktisch" und trifft in so mancher Betrachtung auch zu. Ihre Verallgemeinerung auf ein universales Leitprinzip ist jedoch bis heute umstritten. Auch in seinem Buch „Der Wohlstand der Nationen" (An Inquiry into the Nature and Causes of the Wealth of Nations, 1776) beschreibt

---

[13] Spontandefinition des Begriffs „Wirtschaftsethik" eines/r Studierenden, vgl. Fußnote 1.

Smith die Auswirkungen des menschlichen Eigeninteresses auf die Gesellschaft. Der Mensch neige zu Handel und Tausch, er möchte seine Lebenssituation verbessern. Nach dem berühmten Zitat aus „Wealth of Nations" basiert der Wohlstand nicht auf Egoismus, sondern auf dem Selbsterhaltungstrieb des Menschen: „Nicht vom Wohlwollen des Metzgers, Brauers oder Bäckers erwarten wir

Adam Smith
(1723-1790)

das, was wir zum Essen brauchen, sondern davon, dass sie ihre eigenen Interessen wahrnehmen. Wir wenden uns nicht an ihre Menschen-, sondern an ihre Eigenliebe, und wir erwähnen nicht die eigenen Bedürfnisse, sondern sprechen von ihrem Vorteil." Hier jedoch kritisiert Smith auch Auswüchse etwa bei gewinnsüchtigen Kaufleuten oder Industriellen (vgl. Oermann 2007, 235). Deshalb hatte Smith bereits in der „Theorie moralischer Gefühle" darauf hingewiesen, dass eine Gesellschaft nur funktionieren kann, wenn der Staat für die Gerechtigkeit durch juristische Regelungen sorgt (vgl. Oermann, 2007, 237-242).

Im theoretischen Konstrukt des „homo oeconomicus" (begrifflich erstmals wohl bei Vilfredo Pareto in „Manuale d'economia politica", 1906) wird ein idealtypisches Erklärungsmodell für die anthropologische Grundlage menschliches Handeln in Wirtschaftsprozessen entfaltet. Es handelt sich dabei um eine regulative Idee, ein Modell der neoklassischen Wirtschaftstheorie, das folgende Elemente enthält: Der ökonomische Modellmensch maximiert seinen eignen Nutzen, handelt rational und verfügt über vollständige Informationen. Leicht ironisch beschrieb der Soziologe Ralf Dahrendorf den „homo oeconomicus" so: Er sei „der Verbraucher, der vor jedem Einkauf Nutzen und Kosten sorgsam abwägt und hunderte von Preisen vergleicht, bevor er eine Entscheidung trifft; der Unternehmer, der alle Märkte und Börsen in seinem Kopf vereinigt und sämtliche Entschlüsse an diesem Wissen orientiert; der vollständig informierte, durch und durch ‚rationale' Mensch." (Dahrendorf 1977, 15) Inwiefern dieses konstruierte Menschenbild für die ökonomische Theoriebildung hilfreich sein kann, obwohl es keinen existierenden Menschen meint, mag bezweifelt werden. Denn zum einen hat dieses Menschenbild der neoklassischen Wirtschaftstheorie historisch gesehen nur eine geringe Reichweite, zum anderen muss man fragen, ob es nicht auch für die ökonomische Theoriebildung gerade als regulative Idee und konstruiertes Modell allzu einfach ist und zu kurz greift. So hat die experimentelle Ökonomik auf der Basis von Mathematik und Spieltheorie – Reinhard Selten erhielt dafür 1994 den Wirtschaftsnobelpreis – versucht, wirtschaftliches Verhalten in der Laborsituation nach zu stellen (vgl. Heuser 2008, 33f.). Egoismus und Nutzenkalkül erwiesen sich dabei nicht als einzige Antriebe: Fairness und Kooperation bestimmten die Testspiele mindestens ebenso.

Beim „Ultimatum-Spiel" werden die Teilnehmer in zwei Gruppen aufgeteilt. Die eine Gruppe erhält einen Geldbetrag, z.B. zehn Euro, den sie mit der anderen Gruppe nach Gutdünken teilen soll. Das Ultimatum lautet: Wenn die andere Gruppe das Teilungsangebot der Gruppe annimmt, die die zehn Euro erhielt, bekommen beide Gruppen die entsprechenden Eurobeträge. Lehnt die andere Gruppe ab, erhalten beide Gruppen kein Geld. Lautet das Angebot neun zu ein Euro, dann nimmt die andere Gruppe meist nicht an. Es pendelt sich in der Regel bei drei bis vier Euro ein, damit es akzeptabel wird. D.h. es geht nicht um das Geld allein, sondern um Fairness und Kooperation beim Aufteilen des Geldes. Meist bietet die eine Gruppe ohne Zögern der anderen sogar die Hälfte des Betrages, also fünf Euro, an (vgl. Heuser 2008, 40f.).

Die Rezeption weiterer neuropsychologischer und anderer experimenteller Wirtschaftsforschungen führen Jean Uwe Heuser in seinem Band „Humanomics" (2008, 48) zu folgendem Fazit: „Der Mensch kann sich im ökonomischen Sinne nicht rein rational verhalten, und er will es auch nicht. Seinem Verstand und seiner Aufmerksamkeit sind nun einmal Grenzen gesetzt... Gleichzeitig will er seinen moralischen Vorstellungen zur Geltung verhelfen. Bei all dem wird sein Handeln durch Gefühl und Verstand bestimmt. Ohne Verbindung von Emotion und Ratio funktioniert er nicht..."

| Kategorie | homo oeconomicus | homo oeconomicus humanus |
|---|---|---|
| Herkunft | Neoklassik | gegenwärtige interdisziplinäre Wirtschaftstheorie |
| Anthropologisches Leitbild | rational, eigeninteressiert, nutzenkalkulierend | emotio-rational, kooperationswillig, werteorientiert |
| Rollenbild | Manager, Mitarbeiter oder Kunde = eindimensionale Rollenzuschreibung | Prosumer = Produzent und Konsument in einem, Stakeholder = mit verschiedenen Interessen am Unternehmen |
| Handlungsmethode | vollständige Informiertheit, rationales Kalkül, Konkurrenz, Wettbewerb, Egozentrik | spezifische Informiertheit, emotionales Richtungshandeln, Kooperation, reziproker Altruismus |
| Handlungsziel | Eigennutz, Gewinnmaximierung | Verbindung von Eigennutz und Gemeinwohl, Realisierung eigener moralischer Werte, Sinnerfüllung |

Neoklassisches und neues ökonomisches Modell vom Menschen
(eigene Darstellung, angeregt durch Heuser 2008)

So erweist sich der Mensch als „homo oeconomicus humanus" zugleich als egoistisches Wesen, das auch emotional verführbar ist, und als prosozialer Gemeinschaftstyp, der erst im Miteinander den Mehrwert findet. Dieses neue, ökonomische Menschenbild, wird auch mit „homo reciprocans" betitelt, weil der Mensch von einem reziproken Altruismus, von Kooperationswille und einem Gefühl für Gerechtigkeit bestimmt ist: „Er ist bedingt kooperationsbereit, schenkt Vertrauen, schlägt aber auch zurück, wenn es missbraucht wird. Sofern es fair zugeht, gönnt er anderen ihren Gewinn." (Heuser 2008, 56)

In den letzten Jahren hat man sich in den Wirtschaftswissenschaften erneut mit dem Menschenbild beschäftigt und andere anthropologische Erkenntnisse und Perspektiven aus verschiedenen Wissenschaften ökonomisch zu diskutieren begonnen. Aus seinen biologischen Studien an Wespenvölkern etwa verallgemeinert der indische Verhaltensforscher Raghavenda Gadagkar, dass Eigennutz, Erhalt der eigenen Art und Egoismus auch Insekten nicht mehr bestimmen als Kooperation und Altruismus: „Nur haben wir ja gezeigt, dass selbst unter Wespen Verwandtschaft nur als ein Faktor unter mehreren die Bereitschaft zu Kooperation bestimmt. Und es gibt Hinweise, dass diese Gesetze von Insekten über die Vögel bis hin zu Säugetieren und den Menschen gelten. Wenn Sie also wollen, dass Menschen kooperieren, müssen Sie die Umwelt entsprechend einrichten. Altruismus darf nicht zu viel kosten und muss etwas bringen. (…) Beispiel [dafür ist], wie mächtig unter Menschen aller Kulturen die Abneigung gegen Zeitgenossen ist, die andere ausnutzen. Die meisten von uns sind bereit, solche Menschen sogar dann zu bestrafen, wenn sie erstens selbst von der Mogelei gar nicht betroffen sind und zweitens für die Bestrafung auch noch persönliche Nachteile in Kauf nehmen müssen." (Gadagkar zit.n. Klein 2009, 22)

In ihren wirtschaftsethischen Ansätzen versuchen Karl Homann, Christoph Lütke und Andreas Suchanek zu begründen, dass der Ausgangspunkt bei der Individual- bzw. Handlungsethik, die auf einem bestimmten Menschenbild gründet, zu kurz greift, und dass wir ihr „eine Bedingungsethik – oder Ordnungsethik, Strukturenethik, Institutionenethik – gewissermaßen vorschalten müssen." (Homann & Lütke 2005, 30) Im Anschluss an Smith postulieren Homann & Lütke eine zweistufige Ethik, die zwischen Handlungen und Handlungsbedingungen, zwischen Spielzügen und Spielregeln unterscheidet: Dabei sei auf der individuellen Handlungsebene das Eigeninteresse des Menschen nicht „als böser Urtrieb des Menschen zu verstehen, den es zu domestizieren gilt, sondern als jene Triebkraft, die in Verbindung mit einer geeigneten Rahmenordnung für die anderen, für alle anderen Nutzen stiftet" (30). Die „Bedingungsethik" sei der Handlungsethik insofern vorgeordnet, als sie die Handlungsmöglichkeiten des Einzelnen grundlegend bestimmt und bedingt. Beispielsweise dürften nach Homann & Lütke (2005, 31) Hunger, Ausbeutung und Umweltverschmutzung in der so gen. Dritten Welt nicht auf die Profitgier der multinationalen Unternehmen, sondern müssten auf unzureichende Handlungsbedingungen, unzweckmäßige internationale Spielregeln oder fehlende Rahmenordnungen zurückgeführt werden. Am Beispiel des „Gefangenendilemmas" (s.u.) wird diese Zweistufenethik spieltheoretisch erläutert. Sie zeigt nach Andreas Suchanek (2000, 56), dass es auf die „Investition in die Bedingungen der Zusammenarbeit" auf der Ebene der Rahmenordnung ankomme, nicht auf das Handlungsmotiv der Einzelperson auf individueller Ebene: „Nicht die Gesinnung der Akteure, sondern die Bedingungen der Situation sind das Problem." (56)

Hier wird also der Mensch in seinem Wesen (Anthropologie) und als existierende Einzelperson (Handlungsethik, individuelle Verantwortung) moralisch entlastet, ja, wirtschaftsethisch ausgeblendet, denn auf ihn komme es erst sekundär an. Zuerst und primär habe Wirtschaftsethik demnach mit der moralisch verantworteten Formierung der gesellschaftlichen Rahmenordnung des Wirtschaftens zu tun. In der Folge werden anthropologische Diskussionen zu irrelevanten Nebenschauplätzen der Wirtschaftsethik. Diese Einseitigkeit bringen vielfältige Forschungen etwa aus der Chaostheorie oder der soziologischen Theorie der Marktmacht der Verbraucher (vgl. Stehr 2007) wieder ins Lot, indem sie die Bedeutung auch kleinster Veränderungen, und das kann heißen einzelner menschlicher Handlungen, für das Systemganze ebenso erhellen wie die Relevanz der kollektiven Macht von Menschen. Es kommt in Sachen Moral also ebenso auf den Menschen, als Manager, Mitarbeiter oder Kunden an wie auf die Gestaltung der institutionellen und strukturellen Wirtschafts- und Gesellschaftsordnung, die ja ebenfalls wieder durch einzelne oder mehrere Menschen verantwortet wird.

*1. Begriff:* Das **Gefangenendilemma** kennzeichnet eine Situation, in der individuell rationales Verhalten der einzelnen Gruppenmitglieder zu einem für die Gruppe nicht Pareto-optimalem Ergebnis führt. Obwohl demnach ein Gleichgewicht vorhanden ist, ist dieses nicht gesellschaftlich optimal.– *2. Beispiel:* Situation mehrerer Gefangener, die nicht miteinander kommunizieren und unabhängig voneinander verhört werden, wobei die Kronzeugenregelung gilt. Gefangene, die gestehen und damit ihre Mitgefangenen überführen, gehen mit geringer Strafe aus, während die durch Geständnisse ihrer Komplizen Belasteten einer verschärften Bestrafung unterliegen.

Das Entscheidungsdilemma liegt darin, dass jedem isoliert handelnden Gefangenen ein Geständnis vorteilhaft scheint. Folglich werden alle Gefangenen als dominante Strategie gestehen und sich dadurch einer Bestrafung aussetzen, der sie durch gemeinsames konsequentes Leugnen hätten ausweichen können. – 3. Lösung: Ein gesellschaftlich optimales Ergebnis kann erreicht werden, durch: (a) wiederholte strategische Interaktionen. – (b) Externe Bestrafung der Geständigen, die höher als die Gefängnisstrafe ist. – 4. *Wirtschaftswissenschaftliche Bedeutung:* Das Gefangenendilemma findet sich in zahlreichen wirtschaftlichen Konstellationen, z.B. bei Kartellen, dem Ziel der Preisniveaustabilität und im Rahmen von Kooperationsbeziehungen. In einer Forschungs- und Entwicklungskooperation etwa ist es für alle Partner individuell rational, eigene Ergebnisse zurückzuhalten und gleichzeitig von den Informationen des Partners zu profitieren. Handeln die übrigen Kooperationspartner aber entsprechend, so führt dies zu einem Zusammenbruch der vorteilhaften Kooperation. Das Gefangenendilemma kann institutionell überwunden werden, wenn die Beteiligten im Interesse der Gruppe insgesamt auf kurzfristige individuelle Vorteile verzichten, um so in den Genuss der Kooperationsvorteile zu gelangen. Dies kann z.B. durch die Gestaltung langfristiger Verträge erreicht werden.
aus: http://wirtschaftslexikon.gabler.de/Definition/gefangenendilemma.html (03.12.2009)

**Aufgaben zur Weiterarbeit**

1. Überlegen Sie sich, welches Bild vom Menschen Sie haben: Was macht den Menschen aus, welche guten und schlechten Seiten hat er?

2. Setzen Sie sich bitte mit dem Zitat von Adam Smith kritisch auseinander:
   „Nicht vom Wohlwollen des Metzgers, Brauers oder Bäckers erwarten wir das, was wir zum Essen brauchen, sondern davon, dass sie ihre eigenen Interessen wahrnehmen. Wir wenden uns nicht an ihre Menschen-, sondern an ihre Eigenliebe, und wir erwähnen nicht die eigenen Bedürfnisse, sondern sprechen von ihrem Vorteil."
   Welche Bedeutung haben Eigenliebe und Menschen-/Nächstenliebe, Eigennutz und Gemeinwohl für das ökonomische Handeln von Menschen in verschiedenen Rollen (z.B. als Manager, Verkäufer, Dienstleister, Mitarbeiter, Gewerkschafter, Kunde, Konsument)?

3. Diskutieren Sie das Zitat des Wespenforschers Gadagkar über die Kosten des Altruismus und die Bestrafung von Menschen, die andere ausnutzen!

4. Wofür ist das neoklassische Modell vom „homo oeconomicus" wichtig und gut? In welcher Hinsicht erscheint es Ihnen problematisch?

5. Wie kann die Problematik des Gefangenendilemmas im Unternehmen überwunden werden?

# III. PRAXISFELDER ÖKONOMISCHER ETHIK

## 1. Methoden für die Praxis der Unternehmensethik

„Täglicher Umgang mit Menschen (Mitarbeiter, Kunden, Lieferanten) unter moralischen Aspekten. Die Vorteile des ethisch korrekten Umgangs für das Unternehmen und für die betriebswirtschaftlichen Abläufe nutzen. Fehlerbearbeitung: Nicht die Schuldzuweisung suchen, sondern die Fehlervermeidung betreiben."[14]

Für die Praxis der Unternehmensethik ist methodisches Handwerkszeug nötig. Deshalb wird nun eine strukturierte Vorgehensweise für grundsätzliche ethische Entscheidungen vorgeschlagen.

Vorab sollen aber zwei allgemeine Theoriestränge der Entscheidungsfindung und ein Tableau unterschiedlicher Entscheidungsarten unterschieden werden (vgl. Bronner 1999, 8 + 42-46). Den quantitativen Entscheidungstheorien, die mathematisch formal geprägt sind und auf Kalkül, Optimierung und Wahrscheinlichkeit basieren, stehen die stärker verhaltenswissenschaftlich-psychologischen Theorien gegenüber, die auch auf die weichen Faktoren und den Prozess der Entscheidungsfindung eingehen.

Anhand bestimmter Merkmale lassen sich verschiedene Entscheidungsarten differenzieren.

| Merkmal | Entscheidungsarten |
|---|---|
| Anlass | Initialentscheidung – Anpassungsentscheidung |
| Träger | Individualentscheidung – Kollektiventscheidung |
| Geltungsbereich | Gesamtentscheidung – Ressortentscheidung |
| Häufigkeit | (erstmalige) Innovativentscheidung – (habituelle) Routineentscheidung |
| Tragweite | strategische Entscheidung – taktische Entscheidung – operative Entscheidung |
| Intention | Grundsatz- / Zielentscheidung – Instrumental- / Mittelentscheidung |
| Information | Entscheidung unter Sicherheit – Entscheidung unter Unsicherheit – Entscheidung unter Risiko |

Differenzierung von Entscheidungsarten
(eigene Darstellung, angeregt durch Bronner 1999, 8)

Die betriebliche Entscheidung ist ein komplexer und differenzierter Vorgang, der personelle, institutionelle und strategische Aspekte umfasst. Der Entscheider agiert als Mensch, der bewusst und unbewusst seine eigenen moralischen Prä-

---

[14] Spontandefinition des Begriffs „Wirtschaftsethik" eines/r Studierenden, vgl. Fußnote 1.

gungen, seine fachlichen und sachlichen Kenntnisse und seine Gefühle mit in den Entscheidungsprozess eingehen lässt. Sind Entscheidungen im Unternehmen zu treffen, so sieht man sich in aller Regel einem Informationsproblem ausgesetzt. Denn Folgen und Ergebnisse der Handlungsalternativen (Soll-Zustand) können meist noch weniger als die Ausgangssituation (Ist-Zustand) auf der Basis vollkommener Information beurteilt werden.

Die Entscheidungsfindung läuft nach Eisenführ & Weber (1999) in einem vierstufigen Prozess ab: Situationsanalyse, Zielbildung bzw. -festlegung, Generierung und Bewertung von Handlungsalternativen, Treffen der Entscheidungen. Dabei steht die Rationalität der Entscheidung im Mittelpunkt. Entscheidungen werden nach den „harten Fakten" getroffen. Für „weiche" Faktoren, wie die ethische Reflexion und Bewertung bleibt kein Raum. Diese werden in dem Modell „ethischer Urteilsfindung" von Heinz Eduard Tödt integriert (vgl. Schuhmacher 2006, 322-336). Tödt schlägt sechs Schritte (Tödt 1977, 81-93) vor:

*1. Problemfeststellung*: Zuerst geht es um die Wahrnehmung, Annahme und Bestimmung eines Problems als eines sittlichen. Die urteilende Person muss erkennen, dass das konkrete Problem bzw. die konkrete Entscheidung eine ethische Fragestellung betrifft, wofür eine „sittliche Sensibilität" und ein „ethisches Problembewusstsein" nötig ist. Ob man beispielsweise das Essensangebot (vegetarisch, schweinefleischlos etc.) der Kantine problematisiert, hängt von dieser Sensibilität ab.

*2. Situationsanalyse*: Im zweiten Schritt wird die Situation analysiert und der Kontext des Problems erkennbar gemacht. Die Rahmenbedingungen des Problems sind sorgfältig zu erheben und zu erörtern. Diese Sorgfalt ist bereits Ausdruck eines ethischen Verhaltens.

*3. Erörterung von Verhaltensalternativen*: Wenn wir einem Problem begegnen, stellen wir uns die Frage: Was ist zu tun? Im dritten Schritt werden also Verhaltensoptionen entwickelt und im Blick auf ihre Folgen gegenübergestellt und durchgespielt. Dabei ist zu bedenken, dass es zwischen zwei extremen Handlungsalternativen meist verschiedene Abstufungen gibt. Zwischen Ganz und Garnicht, zwischen Schwarz und Weiß gilt es, auch bei den Problemlösungen Graustufen zu entdecken. Zudem lohnt es sich, hier kreativ zu werden, denn oftmals gibt es Verhaltensalternativen, die jenseits des Üblichen und Naheliegenden zu finden sind. Immer hat die Problemlösung, die ich verfolge, bzw. die Verhaltensalternative, die ich wähle, mit meiner Identität und Integrität sowie mit meinem Gewissen zu tun.

*4. Normenprüfung*: Im Regelfall basieren soziale Verhaltensweisen von Menschen auf Normen und Werten. Diese können in Konflikt zueinander geraten. Hier nun geht es darum, diese immer schon mitspielenden Normen kritisch auf ihrem Geltungsanspruch in der bestehenden Situation des spezifischen Problems zu befragen. Grundlage aller Normen ist die Verwirklichung von Humanität. Das Normen- und Wertegefüge gibt letztlich den Ausschlag bei der Entscheidung für oder gegen eine der Handlungsalternativen. D.h. die Normenprüfung muss die Situationsanalyse und die einzelnen Verhaltensalternativen so verknüpfen, dass die Entscheidung für den Urteilenden moralisch verantwortbar und begründbar erscheint. Es ist zu klären, welche Normen und Werte relevant und prägend sind, welche Normen und Werte wir übernehmen wollen und welche davon am ehesten zu den Handlungsalternativen passen. Hier gilt es zu erkennen, dass man in einer Werte- und Normentradition steht, die durch Erziehung und Sozialisation geprägt wurde und dass meist mehrere Normen und Werte im Spiel sind, die in einer bestimmten Hierarchie untereinander und im Konflikt miteinander stehen. Auch ethische Regeln wie der kategorische Imperativ oder die Goldene Regel können neben konkreten Werten wie z.B. Freiheit, Frieden, Seelenruhe, Gerechtigkeit, Solidarität, Wahrheit, Bildung/Wissen, Liebe, Gesundheit, Ehre oder gesetzlichen Normen und moralischen Geboten oder Verboten für die Entscheidungsfindung wichtig werden.

*5. Urteilsentscheid*: Alle vorangehenden Schritte gehen nun in eine ethische Entscheidung ein, die einen kreativen Akt darstellt und in Form eines tatsächlichen Beschlusses nun ihre Wirksamkeit entfaltet: Aus dem Reflektieren wird eine Entscheidung, die Folgen hat und auch auf den Entscheider selbst zurück wirkt. Dieser Schritt hat insofern etwas existenzielles, als er auch ein Urteil über den Entscheider selbst vollzieht. Denn die Entscheidung mit ihren Konsequenzen für die Betroffenen und für die Entscheidenden berührt die persönliche Integrität und die Identität auch der Entscheidenden.

*6. Adäquanzkontrolle*: Hierbei handelt es sich um eine Art von Evaluation des Entscheidungsprozesses und seiner Folgen. Nach Vollzug der Entscheidung wird diese bezüglich ihrer Folgen empirisch überprüft, sie kann aber ebenso antizipierend virtuell durchgespielt und vorweg genommen werden. So soll abgeglichen werden, ob der Urteilsentscheid angemessen war und zum Ziel geführt hat oder nicht. Falls nicht, so sind u.U. nochmals alle Schritte durchzugehen und neue Handlungsalternativen zu entwickeln, die dann nach erneuter Normenprüfung u.U. in einen neuen, anderen Entscheid münden.

Das Modell ethischer Entscheidungsfindung von Tödt ergänzt das betriebswirtschaftliche Entscheidungsmodell von Eisenführ & Weber um die ethisch relevanten Punkte der Problemfeststellung und der Normenprüfung. Für die Unternehmenspraxis sind viele Entscheidungen zugleich ökonomisch und ethisch vertretbar zu treffen. Idealerweise wird dabei am Ende auch ein möglichst breiter Konsens innerhalb und außerhalb des Unternehmens hergestellt.

| Entscheidungsfindung nach Eisenführ & Weber | Ethische Urteilsfindung nach Tödt |
|---|---|
| / | 1. Problemfeststellung |
| 1. Situationsanalyse | 2. Situationsanalyse |
| 2. Zielbildung bzw. -festlegung | / |
| 3. Generierung und Bewertung von Handlungsalternativen | 3. Erörterung von Verhaltensalternativen |
| / | 4. Normenprüfung |
| 4. Treffen der Entscheidungen | 5. Urteilsentscheid |
| / | 6. Adäquanzkontrolle |

Zwei Modelle strukturierter Vorgehensweisen der Entscheidungsfindung
(eigene Darstellung zu Eisenführ & Weber 1999 und zu Tödt 1977)

Weitere wichtige Methoden der Unternehmensethik stellen der Stakeholderdialog (vgl. Clausen 2009, 44f.), die Stakeholderanalyse mit Legitimitätsbewertung sowie die Konfliktbewältigung dar (vgl. Göbel 2006, 113-146).

**Aufgaben zur Weiterarbeit und Fallbeispiele**
1. Überlegen Sie sich Beispiele aus dem betrieblichen Handeln für die verschiedenen Entscheidungsarten nach Bronner! Welche davon werden in der Regel die größte ethische Bedeutung und Tragweite haben?

2. Wenn Sie die sechs Schritte der ethischen Urteilsfindung nach Tödt gelesen haben, suchen Sie sich ein Beispiel aus der Unternehmenspraxis. Als Anregung hier ein paar Ideen:

- Wegen der Übernahme eines anderen Unternehmens muss die vorher in beiden Unternehmen vorhandene Position des Bereichsleiters Controlling an einen der beiden bisherigen Leiter vergeben werden: beide sind beruflich gleich qualifiziert, der eine ist ein 37-jähriger Single, der andere ein fünfzigjähriger Familienvater. Auf welcher Grundlage entscheiden Sie?
- Ein global agierendes Unternehmen vergleicht die einzelnen Produktionsstandorte und kommt zu dem Schluss, dass eines der deutschen Werke zu teuer produziert. Wie kommen Sie zu einer Entscheidung über dieses Werk und seine Mitarbeitenden?
- Schon als Studierende haben Sie zu dritt ein kleines EDV-Unternehmen gegründet. Dessen Produkte und Dienstleistungen sind so gut nachgefragt, dass Sie mehr Arbeitskraft benötigen. Sie stehen vor der Entscheidung, eine zusätzliche Person einzustellen.
- Ihre Kantine produziert eine Menge Müll aus Einweggeschirr und Besteck. Der Einkauf und die Entsorgung werden immer teurer. Entwickeln Sie Alternativen und skizzieren Sie den Weg zu einer ethisch reflektierten und ökonomisch sinnvollen Entscheidung!

Spielen Sie Ihr Beispiel anhand der sechs Schritte der Tödtschen Methodik ethischer Urteilsfindung durch und dokumentieren Sie Ihren Prozess samt Ergebnis!

# 2. Instrumente für die Praxis der Unternehmensethik

„Ich meine, dass Wirtschaftsethik etwas mit dem Verhalten in schwierigen Situationen zu tun hat. Zum Beispiel: Wie muss man sich bei der Arbeit, während der Verhandlungen oder der Begegnungen verhalten? Worüber darf man mit ausländischen Businesspartnern reden? Vielleicht interkulturelle Probleme."[15]

Eine Fülle von Instrumenten der Unternehmensethik bieten sich auf verschiedenen Ebenen an. Strukturen des Unternehmens sind ebenso moralisch relevant und nach ethischen Kriterien gestaltbar wie persönliche Entscheidungen und individuelle Verantwortung in unternehmensethisches Handeln eingehen.

Dass Unternehmen als Organisationen „moralfähig" sind, begründet Elisabeth Göbel (2006, 93) im Anschluss an Goodpaster & Matthews folgendermaßen: „Unternehmen rufen als intentional handelnde Subjekte Wirkungen hervor, die andere betreffen, mit denen sie darüber kommunizieren können. Da die innere Struktur die Beziehungs-, Kommunikations-, Einsichts- und Lernfähigkeit der Unternehmung prägt und das Entscheiden und Handeln der Individuen in der Unternehmung maßgeblich beeinflusst, ist sie im übertragenen Sinne das ‚Gewissen' der Unternehmung." Individuum (personale Verantwortung), Unternehmung (institutionell-strukturelle Verantwortung) und Rahmenordnung (politische Verantwortung) beeinflussen sich dabei gegenseitig.

*(1) Die strategische Komponente der Unternehmensethik* besteht darin, die Unternehmensstrategie verantwortungsbewusst auszuwählen. „Strategien sind Maßnahmen zur Sicherung des langfristigen Erfolgs eines Unternehmens" (Bea & Haas zit.n. Göbel 2006, 150). Die *Wettbewerbsstrategien* können aufgegliedert werden in Unternehmens-, Geschäftsbereichs- und Funktionsbereichsstrategie. Die unterschiedlichen Strategien sind in der Regel in eine grundlegende unternehmensethische Wertorientierung eingefügt. Diese Grundorientierung wird manchmal wiederum als Strategie bezeichnet, z.B. als „enterprise strategy", „legitimacy strategy", oder als „Unternehmensphilosophie", „Fundamental Principles" oder „Company Creeds" (vgl. Göbel 2006, 151). In diesen Bereich gehören auch das gesellschaftliche und soziale Engagement von Unternehmen, wie etwa Maßnahmen und Konzepte von Corporate Social Responsibility oder Corporate Citizenship (vgl. III.4 und den Text aus „DIE ZEIT" im Anhang).

---

[15] Spontandefinition des Begriffs „Wirtschaftsethik" eines/r Studierenden, vgl. Fußnote 1.

Auch *ordnungspolitische Strategien* sind ethisch gestaltbar, indem die Rahmenordnung so weiterentwickelt wird, dass Unternehmen, die sich moralisch verhalten, keine Wettbewerbsnachteile erfahren. Gesetzliche Vorgaben etwa beim Arbeits- und Kündigungsschutz, beim Umwelt- und Emissionsschutz, bei der Produkt- und Markttransparenz können hier ebenso hilfreich sein, wie die Setzung finanzieller Anreizsysteme (Emissionsrechtehandel, Ökosteuer, $CO^2$-orientierte KFZ-Steuer, Förderung der regenerativen Energiegewinnung), der Verbraucherbildung und -beratung. Diese Ordnungspolitik wird freilich politisch auf staatlicher Ebene gestaltet. Unternehmen und ihre Mitarbeitende können im Sinne des „republikanischen Engagements" (Peter Ulrich 2001, 434) politisch mitwirken und aktiv werden, Unternehmensverbände können staatliches Handeln ergänzen oder (meist präventiv) ersetzen, indem sie sich auf verbindliche Branchenstandards selbst verpflichten oder ethische Warenzeichen als Qualitätssiegel entwickeln.

Letztlich gehören auch *Marktaustrittsstrategien* zu den Optionen ethisch verantworteter Unternehmenspolitik. So nahm der Otto-Versand beispielsweise FCKW-haltige Spraydosen, Tierpelzkleidung und Tropenholzprodukte aus seinem Sortiment, etliche europäische und amerikanische Unternehmen zogen sich wegen der Apartheidspolitik vom südafrikanischen Markt zurück, Triumph schloss sein Werk in Burma (Myanmar) wegen der dortigen Militärdiktatur. Der umfassende Marktaustritt kann jedoch auf vielfältige ethische Probleme bei den Stakeholdern, den Mitarbeitenden und Lieferanten, die Arbeitsplätze verlieren etc., stoßen.

*(2) Die personale Komponente der Unternehmensethik* nimmt die Individuen, die im Unternehmen agieren mit ihrer Moral in den Blick. Durch Personalentwicklungs- und -managementmaßnahmen kann das Arbeitsethos der *Mitarbeitenden* etwa im Sinnen von sozialer Kollegialität oder persönlicher Integrität verbessert werden. Die Verantwortung gegenüber den *Stakeholdern* etwa bezüglich Verlässlichkeit, Wahrhaftigkeit, Gesetzes- und Vertragstreue bietet ebenso ein Feld unternehmensethischer Gestaltung wie das in der wirtschaftsethischen Literatur gerne ausgebreitete Thema „Whistle Blowing", das die Aufdeckung von unethischen Praktiken dritten gegenüber problematisiert. In den personalen Bereich ethischer Verantwortung gehört nach oben hin selbstverständlich auch die *Führungs- oder Managementethik*, bei der es u.a. um den Vorbildcharakter und die tugendreiche Praxis der Leitung geht. Ein besonders wichtiges Feld stellt hier die Ethik der Personalführung dar.

*(3) Die unternehmensethische Komponente der innerbetrieblichen Institutionen* bietet eine Fülle von Möglichkeiten, ein Unternehmen nach moralischen Gesichtspunkten zu gestalten. Das *Unternehmensleitbild*, der „Code of Conduct" oder „Code of Ethics" als Teil der Zielhierarchie verpflichtet das Unternehmen und seine Mitarbeitenden auf bestimmte moralische Verhaltensweisen nach innen und außen (vgl. Göbel 2006, 188f.). Die *Unternehmenskultur* kann die Unternehmensethik fördern oder konterkarieren. Aufmerksamkeit kann hier etwa auf die Verwendung der Sprache (inklusive oder exklusive Sprache, Vulgär- oder Hochsprache, verbale Diskriminierung) oder auf die *symbolische Gestaltung* von Gebäuden, Einrichtungen, Produkten oder Handlungen (Ehrungen, Zeremonien, Feste, Arbeitsroutinen, kollegialer Umgang u.ä.) gelegt werden. Ethisch virulente Punkte sind ebenso die *Personalauswahl* (Fairness und Transparenz des Verfahrens, Verpflichtung von Neueingestellten auf das Unternehmensleitbild und den Ethikkodex, Formulierung von Stellenanzeigen), die *Personalbeurteilung und -honorierung* (Motivations- und Anreizsysteme, Kontrollsysteme zwischen Selbst- und Fremdkontrolle in Compliance- und Integrity-Programmen und -management), die *Personalentwicklung* (in Fort- und Weiterbildung, Trainings, in denen die Entwicklung moralischer Kompetenz gefördert wird), der *Abbau von organisationalen Verantwortungsbarrieren* (Spezialisierung, Hierarchisierung) und der *Aufbau von organisationalen Unterstützungpotenzialen* der Unternehmensethik (Ombudsmann, Ethikbeauftragter/Officer, Beschwerdestelle, ethische Beratungs- und Dienstleistungsgremien wie Stabsabteilungen und Ethikkommissionen bis hin zum ethischen Controlling, z.B. Öko-Controlling mittels Umweltkennzahlen).

*(4) Die wirtschaftsethische Komponente der überbetrieblichen Institutionen* umfasst Gesetze und Verordnungen, Kodizes und Konventionen, Kontrollen und Anreize auf der Ebene der Rahmenordnung oder von Branchen und Verbänden (vgl. unten etwa das Werte-Management-System der Bauindustrie) sowie die wirtschaftsethischen Bestandteile im Bildungssystem (aller Schul- und Hochschulformen).

**Fallbeispiel: Ökologische Unternehmensstrategie**
In ökonomisch-ethischer Perspektive kann etwa eine umweltbewusste Unternehmensstrategie entwickelt werden, bei der umweltgefährdende Geschäftseinheiten aufgegeben und neue, ökologische Produktentwicklungen angestrebt wer-

den (vgl. Göbel 2006, 152-159). Die Zulieferer-Abnehmer-Kooperation kann umweltverträglicher gestaltet werden. Auf der Ebene der Geschäftsbereichsstrategien bietet sich weniger die Kostenführerstrategie als die Differenzierungsstrategie an, indem man sich von den Wettbewerbern durch ein einzigartiges umweltorientiertes Profil abhebt. Bei den Funktionsbereichsstrategien ist eine umweltbewusste Ausrichtung in Forschung und Entwicklung, Produktion, Abfallwirtschaft, Beschaffung und Absatz zu realisieren. Auf diese Weise kann Ethik in die Unternehmensführung integriert werden.

**Instrument: Compliance Management**
„In der betriebswirtschaftlichen Fachsprache wird der Begriff Compliance bzw. Komplianz verwendet, um die Einhaltung von Gesetzen und Richtlinien, aber auch freiwilligen Kodizes, in Unternehmen zu bezeichnen. Im Deutschen kann, sofern nicht der englische Begriff verwendet wird, von Regelüberwachung oder einfach Überwachung gesprochen werden. Die Sicherstellung von Compliance/Regelüberwachung in Unternehmen kann organisatorische Maßnahmen stützen. Hierzu richten vor allem Kreditinstitute und Finanzdienstleister, Compliance/Überwachungs-Abteilungen ein. Sie wachen beispielsweise darüber, dass die nationalen und internationalen Gesetze und Richtlinien gegen kriminelle Handlungen (z.B. Betrug), Finanzsanktionen, Marktmissbrauch, Interessenkonflikte, Insiderhandel, Geldwäsche oder zum Datenschutz eingehalten werden."
aus: http://de.wikipedia.org/wiki/Compliance_(BWL) (27.07.2009)

**Aufgaben zur Weiterarbeit**
1. Inwiefern sind Unternehmen „moralfähig"?
2. Ordnen sie das boomende „Compliance Management" in die Systematik der unternehmensethischen Instrumente dieses Kapitels ein!
3. Erläutern Sie zu jeder der vier ethischen Komponenten mind. je ein Instrument aus der betrieblichen Praxis!
4. Welche Bedeutung kann eine ökologische Unternehmensstrategie auf den verschiedenen Strategieebenen haben? Lesen Sie die Texte zur Nachhaltigkeitsstrategie der BASF im Anhang und bearbeiten Sie die dortigen Fragen!

## 3. Shareholder und Stakeholder Value: Bezugs- und Interessengruppen

„Zunächst: keine Definition bekannt. Mein Verständnis wäre: In Wirtschaftsunternehmen stehen üblicherweise ethische Anforderungen eines gelungenen Miteinander nicht explizit ‚auf der Agenda' (oder wenn nicht an erster Stelle). Zwar sind die Interessen der Stakeholder zu berücksichtigen, dies dient aber in meinen Augen primär der Erhaltung des Unternehmens, somit auch in erster Linie wiederum rein wirtschaftlichen Interessen. Gesetze regeln ein Mindestmaß ethischen Verhaltens (z.B. bzgl. Schutz der Arbeitnehmer). Wirtschaftsethik hätte aus meiner Sicht vor allem folgende Aufgaben:
- ethisches Verhalten über das geforderte Minimum hinaus leisten, auch ohne wirtschaftliches Benefit
- ethisches Verhalten im Unternehmen fördern
- nach ethischen Gesichtspunkten Vertragspartner auswählen (und nicht nur, weil das sonst negative Presse zur Folge hätte)"[16]

Über die Frage, wer Subjekt und Objekt der Unternehmensethik ist, gehen die Ansichten auseinander. Gehen wir davon aus, dass das Unternehmen selbst korporativ-kollektive Verantwortung für seine Handeln trägt und es Einzelne und Gruppen von Menschen sind, die hier als Verantwortungssubjekte agieren, auch wenn sie innerhalb einer gesetzten Rahmenordnung agieren, die wiederum andere zu verantworten haben, dann bleibt die Frage nach dem Objekt der Unternehmensethik: Auf wen richtet sich die Verantwortung der Unternehmenstätigkeit? An diesem Punkt kommen die Shareholder und die Stakeholdertheorie in den Blick, die bezüglich der Verantwortungsobjekte divergierende Positionen vertreten.

*Die Shareholdertheorie* (auch: Stockholdertheorie), geht davon aus, dass ein Aktien-Unternehmen und damit alle seine Mitarbeitenden ausschließlich den Eigentümern des Unternehmens gegenüber Verantwortung tragen.
Der liberale Ökonom Milton Friedman formuliert in seinem Buch „Kapitalismus und Freiheit" sein Credo dazu: „Es gibt wenig Entwicklungstendenzen, die so gründlich das Fundament unserer freien Gesellschaft untergraben können, wie die Annahme einer anderen sozialen Verantwortung durch Unternehmen, als die, für die Aktionäre ihrer Gesellschaften so viel Gewinn wie möglich zu erwirt-

---

[16] Spontandefinition des Begriffs „Wirtschaftsethik" eines/r Studierenden, vgl. Fußnote 1.

schaften." (zit.n. Waibl 2005, 21) D.h. die Aktionäre werden hier zum alleinigen Verantwortungsobjekt der Unternehmensethik. Doch die Akzeptanz eines Unternehmens und damit sein Erfolg hängt nicht allein von dem ab, was die Aktionäre an Wertsteigerungen und Dividenden erhalten. Der wirtschaftliche Erfolg eines Unternehmens kann durchaus gefährdet werden durch Verstöße gegen Gesetze und Ethik, durch Imageschäden, innere und äußere Konflikte.

*Die Stakeholdertheorie* geht deshalb davon aus, dass es vielfältige Verantwortungsobjekte von Unternehmen gibt, die so gen. Stakeholder. Gemeint sind damit Bezugs-, Anspruchs- oder Interessengruppen, die irgendwie von der Unternehmenspraxis betroffen sind bzw. mit ihr zu tun haben. Mit dem englischen Substantiv „stake" ist der Marterpfahl, der Spieleinsatz oder das Interesse gemeint. Das gleich lautende Verb kann übersetzt werden mit „auf's Spiel setzen" oder „abstecken". Stakeholder können also alle sein, die irgendwie im Spiel sind oder mit betroffen sind von der Praxis eines Unternehmens. Die Shareholder, Aktionäre oder Kapitalgeber sind zusammen mit einigen internen Stakeholdern, wie den Managern/innen und den Mitarbeitenden, gleichzeitig Subjekte und Objekte der Unternehmenstätigkeit. Denn sie gestalten das Unternehmen in ihren jeweiligen Rollen aktiv und sie werden von der Unternehmenspraxis betroffen, ohne selbst alles bestimmen zu können. Insofern sind für die Stakeholdertheorie die Shareholder zugleich Stakeholder, und als innere Bezugsgruppen gelten dann auch die Manager/innen und Mitarbeitenden. Die unmittelbaren äußeren Bezugsgruppen des Unternehmens sind etwa die Kunden oder Konsumenten und die Lieferanten, aber auch die Mitbewerber oder Konkurrenten am Markt. Denn sie sind angesichts der Wettbewerbssituation mit betroffen von der Praxis eines Unternehmens, das im selben Marktsegment agiert oder sich dahin ausdehnen will. Weitere äußere Bezugsgruppen stellen in der Regel die Kommune oder Stadt, in der das Unternehmen platziert ist, und die Bürger/innen dar. Aber auch entferntere Gruppen können zu Stakeholdern des Unternehmens werden, wie etwa von den Emissionen seiner Produktion Betroffene. Meist kommt die so gen. „Öffentlichkeit" in mehr oder weniger großem Umfang ebenso ins Spiel, wenn öffentliche Belange durch das Unternehmen tangiert werden. Im Zuge einer ökologischen und sozialen Unternehmensethik wird man sogar Tiere, die Umwelt und zukünftige Generationen in einem weiteren Sinn als Stakeholder bezeichnen bzw. berücksichtigen müssen. Im weitesten Sinne gehört zu den Stakeholdern jeder, der irgendwie von der Unternehmenstätigkeit betroffen ist oder sich betroffen fühlt: Gewerkschaften, Umweltverbände, Verbraucherschützer, Politiker.

Peter Ulrich (nach Göbel 2006, 114) hat vorgeschlagen, den Begriff Stakeholder nur für diejenigen zu verwenden, die ihre Ansprüche gegenüber dem betr. Unternehmen argumentativ begründen und deren Anliegen tatsächlich berechtigt sind.

| Theorie / Kategorie | Shareholdertheorie | Stakeholdertheorie |
|---|---|---|
| Begriff | share: Anteil, Anteile halten | stake: Spieleinsatz, Interesse, etwas auf dem Spiel stehen haben |
| Akteur / Subjekt der Unternehmensethik | Anteilseigner, Aktionäre, Kapitalgeber | Anteilseigner, Aktionäre, Kapitalgeber; Manager, Mitarbeitende |
| Adressat / Objekt der Unternehmensethik | Anteilseigner, Aktionäre, Kapitalgeber | Anteilseigner, Aktionäre, Kapitalgeber; Manager, Mitarbeitende; Kunden, Lieferanten; Wettbewerber od. Mitbewerber; Kommune, Stadt, Bürger, Anwohner; Öffentlichkeit; Politische Gruppen (Verbände, Initiativen etc.), Politiker, Staaten; Tiere, Natur, Umwelt; Zukünftige Generationen |
| Kernaussage | Die Unternehmensverantwortung gilt den Shareholdern. Gewinnmaximierung ist Ziel des Unternehmens. | Die Unternehmensverantwortung gilt den Share- und den Stakeholdern. Der Unternehmenserfolg ist nachhaltig nur zu gewährleisten, wenn es keine zu großen Konflikte mit legitimen Stakeholderansprüchen gibt. |

Shareholder- und Stakeholdertheorie
(eigene Darstellung)

Da es zwischen den Ansprüchen und Interessen der verschiedenen Stakeholder immer wieder zu Konflikten und Diskrepanzen kommt, muss sich ein Unternehmen aus seiner ethischen Verantwortung heraus damit auseinandersetzen, wie diese Interessen untereinander und mit den Unternehmenszielen abgestimmt werden können. Dies kann durch eine Stakeholderanalyse und ein Stakeholdermanagement in ethischer Perspektive geschehen (vgl. Göbel 2006, 113-145).

Dabei steht die Legitimitätsbewertung auf der Basis der Menschenwürde und der Menschenrechte, der Gerechtigkeit und Nachhaltigkeit sowie des geltenden Rechts im Zentrum des Umgangs mit Stakeholderansprüchen und -konflikten.

**Fallbeispiel: Entsorgung einer Ölplattform durch Shell**
Shell kündigt im April 1995 an, die ausrangierte Ölplattform Brent Spar in der Nordsee zu versenken. Greenpeace will das aus ökologischen Gründen durch Besetzung der Ölplattform verhindern. Shell versucht zunächst die Krise auszusitzen, lässt die Plattform dann aber doch räumen. Eine öffentliche Protestwelle beschert Shell vorübergehend einen Umsatzeinbruch von 50% an deutschen Tankstellen. Nach intensiver Auseinandersetzung in den Medien um die Verschmutzung der Nordsee beschließt Shell im Juni 1995 die Plattform dann an Land zu entsorgen, was höhere Kosten als das Versenken im Meer ausmacht. Shell nimmt die unmittelbar vor der Krise im März 1995 angelaufene Social-Marketing-Kampagne ,Das wollen wir ändern' zurück und widmet sie um in die neue Kampagne ,Wir wollen uns ändern'. Shell beginnt einen Stakeholderdialog mit der offenen Website ,Tell Shell'. (vgl. Clausen 2009, 44f.)

**Fragen zur Weiterarbeit**
1. Welcher Theorie würden Sie als Manager/in eines Unternehmens aus welchen Gründen folgen, der Shareholder- oder der Stakeholdertheorie?
2. Welche legitimen Ansprüche von welchen Stakeholdern wurden gegenüber dem global agierenden Ölkonzern Shell vorgebracht bzw. hätten vorgebracht werden können? Was hätten illegitime Ansprüche sein können?
3. Wenn Sie der verantwortliche Manager des britisch-niederländischen Mutterunternehmens Shell gewesen wären, auf welche Ansprüche in der deutschen Auseinandersetzung um die Ölplattform Brent Spar hätten Sie aus welchen Gründen Rücksicht genommen?
4. Wie können konfligierende Ansprüche, z.B. zwischen Unternehmenserfolg und Umweltschutz, gegeneinander abgewogen und „harmonisiert" werden?
5. Lesen Sie bitte den Text zur Stakeholderanalyse im Anhang und bearbeiten Sie die dortigen Aufgaben!

# 4. Die soziale Verantwortung von Unternehmen: Corporate Citizenship

*„Soziales und umweltverträgliches Handeln - Neue Sichtweise des Handelns"*[17]

Bereits in den Frühzeiten der Industrialisierung zeigten sich manche Unternehmer daran interessiert, einen Teil ihres Gewinns für soziale Zwecke zu verwenden, etwa für eine bessere soziale Absicherung ihrer Arbeiterschaft und Angestellten oder z.B. für karitative oder kulturelle Projekte im Gemeinwesen. Oft standen in den westlichen Industrienationen christliche Motivationen hinter diesem gesellschaftlichen Engagement. So galt der Typus des „christlichen Unternehmers" seit dem 19. Jahrhundert als angesehene Persönlichkeit. Dieser Typus, der sein *Unternehmerethos* auf religiösen oder anderen humanistischen Werten gründete, findet sich unter den inhabergeführten kleinen und mittelständischen Unternehmen bis heute.

Die Verantwortungsübernahme hat sich jedoch dadurch wesentlich verändert, dass mehr und mehr Aktiengesellschaften, Holdings und andere Unternehmensgruppen entstanden sind, bei denen ein unmittelbarer Bezug zum Unternehmen, wie er bei klassischen inhabergeführten Unternehmen prägend war, nicht mehr besteht. Heute stehen meist *Manager* an der Spitze, die sich am Shareholder Value ausrichten und in vieler Hinsicht weiter entfernt sind von der persönlichen Verantwortung, die der Unternehmer selbst für sein Unternehmen, seine Mitarbeitenden und andere Stakeholder, die sich allesamt meist in einem überschaubaren Gemeinwesen befanden, trug bzw. noch trägt.

Dennoch haben auch Aktiengesellschaften, Großunternehmen und Firmenverbünde in den letzten Jahren das Thema *soziale Verantwortung* und gesellschaftliches Engagement für sich entdeckt. Aus der internationalen Debatte kommend wird es unter den Schlagworten „Corporate Citizenship" (CC), „Corporate Social Responsibility" (CSR) oder ähnlichen Begriffen nun auch in Deutschland diskutiert. Unternehmen sehen sich neu als Mitspieler in der Zivilgesellschaft und wollen Ihren Unternehmenserfolg steigern, indem sie sich sozial stärker in die Gemeinwesen hinein vernetzen – so also Lobbyismus betreiben – und mit sozialverträglichen oder umweltschonenden Produktions- oder Vertriebsmethoden werben, sich als Wohltäter darzustellen versuchen durch die Förderung von sozi-

---

[17] Spontandefinition des Begriffs „Wirtschaftsethik" eines/r Studierenden, vgl. Fußnote 1.

alen, kulturellen und sportlichen Aktivitäten oder sich für die Region einsetzen, in der sie angesiedelt sind. Dabei ist das Gemeinwohl oft nur Mittel zum Zweck des Eigennutzes, denn es geht in erster Linie um die Imagepflege durch soziales Engagement. Unternehmen stellen sich über ihre eigentliche Geschäftstätigkeit hinaus als „gute Bürger" dar, die für die Zivilgesellschaft in der Region Gutes tun oder sich für soziale, ökologische u.a. Belange einsetzen. Ursprünglich handelt es sich beim Corporate Citizenship und Corporate Social Responsibility aber um eine Public-Affairs- bzw. Public-Relations-Strategie, d.h. eine Handlungsweise der Öffentlichkeitsarbeit, die aus Managementkreisen nordamerikanischer Unternehmen kam. So wird man das gesellschaftliche und soziale Engagement von Unternehmen in erster Linie im Kontext von Marketing und PR sehen.

Verschiedene Instrumente und Arbeitsweisen werden unter diesem Themengebiet subsumiert, die man gemeinsam dann auch als „*Corporate Citizenship-Mix*" bezeichnet. Die einzelnen u.g. Elemente bzw. Formen lassen sich nach dem Baukastenprinzip auswählen, ergänzen und für das betreffende Unternehmen und seine strategischen Ziele operationalisieren.

| Deutsche (*und englische*) Bezeichnung | Inhaltliche Beschreibung |
|---|---|
| Gute Unternehmens-bürgerschaft (*Corporate Citizenship*) | Aktive Mitwirkung in Institutionen und Gremien der Zivilgesellschaft und der Politik bzw. staatlichen Verwaltung; Delegation bzw. Freistellung von Personal aus dem Betrieb für diese Zwecke |
| Gemeinnütziges Arbeit-nehmerengagement (*Corporate Volunteering*) | Investition von Zeit und Wissens der Unternehmensmitarbeitenden zum Einsatz in karitativen Organisationen und staatlichen Administrationen, sowie Unterstützung des ehrenamtlichen Engagements in und außerhalb der Arbeitszeit |
| Lobbying für soziale Anliegen (*Social Lobbying*) | Einsatz von Kontakten und Einfluss des Unternehmens für die Ziele gemeinnütziger Organisationen oder für Anliegen spezieller Gruppen im Gemeinwesen |
| Spenden (*Corporate Giving*) | moralisch und/oder wettbewerblich motiviertes Überlassen von Geld- oder Sachmitteln, kostenfreies Überlassen von Unternehmensleistungen, -produkten und -logistik. |
| Stiftungen (*Corporate Foundations*) | Stiftungsgründungen oder Zustiftungen durch Unternehmen |
| Sozialsponsoring (*Social Sponsoring*) | Förderung von Einzelpersonen, Gruppen, Organisationen oder Veranstaltungen durch ein Unternehmen, in Form von Geld-, Sach- und Dienstleistungen mit der Erwartung, eine die eigenen Marketingziele unterstützende Gegenleistung zu erhalten. |

| | |
|---|---|
| Zweckgebundenes Marketing (*Cause Related Marketing*) | Marketinginstrument zur Bewerbung eines Produktes, dessen Teilerlös das Unternehmen einem sozialen Zweck oder einer Organisation zukommen lässt. |
| Auftragsvergabe an soziale Organisationen (*Social Commissioning*) | gezielte geschäftliche Partnerschaft mit gemeinnützigen Organisationen, die z.B. behinderte und sozial benachteiligte Menschen beschäftigen, Auftragsvergabe an soziale Dienstleistungsunternehmen u.ä. |
| Gemeinwesen Joint-Venture (*Public Private Partnership*) | gemeinsames Projekt oder gemeinsame Unternehmung eines Unternehmens und einer gemeinnützigen oder öffentlichen Organisation, in die beide Partner investieren |
| Soziales Risiko-Kapital (*Venture Philanthropy*) | Risiko-Kapitalgeber geben für eine begrenzte Zeit und ein bestimmtes Projekt Geld und Wissen an gemeinnützige Organisationen |

Elemente bzw. Formen von Corporate Citizenship / Corporate Social Responsibility
(eigene Darstellung)

Das gesellschaftliche Engagement von Unternehmen steht in einem Spannungsfeld. Man kann es einerseits (etwa im Sinne Peter Ulrichs) verstehen als bewusste und verallgemeinerungsfähige Verantwortungsübernahme als „guter (Unternehmens-)Bürger", die durchaus als *humanitäre und soziale Verpflichtung* gelten muss im Sinne der Sozialpflichtigkeit bzw. Gemeinwohlbindung des Eigentums nach dem deutschen Grundgesetz (Art. 14 II). Andererseits sind Corporate Citizenship und Corporate Social Responsibility oftmals *Marketing- und Public-Relations-Strategien*, die nur sehr begrenzte soziale Wirkungen mit breiter unternehmerischer Selbstdarstellung verbinden. Vielfach haben sie eine Art Feigenblattfunktion zur Imagepflege von Firmen, die sich nicht durch die Qualität ihrer Produkte von den Konkurrenten abheben. Im Extremfall versuchen sie durch ihr finanzielles oder personelles Engagement in der Gesellschaft, direkten Einfluss auf die Gestaltung der öffentlichen Meinung oder politischen Willensbildungen zu nehmen.

**Aufgaben zur Weiterarbeit**
1. Finden Sie je ein Beispiel für die zehn skizzierten Elemente von Corporate Social Responsibility / Corporate Citizenship!
2. Welche Chancen bietet das soziale und gesellschaftliche Engagement von Unternehmen für die Gesellschaft? Welche Kritik lässt sich an Corporate Citizenship und Corporate Social Responsibility als Marketing- und Public-Relations-Maßnahme formulieren?

3. Unter welchen Bedingungen lassen sich aus ethischer Sicht verantwortliche Maßnahmen der Corporate Social Responsibility bzw. Corporate Citizenship begründen, die zugleich den Unternehmenserfolg voran bringen und das Gemeinwohl fördern?

4. Unter welchen Bedingungen werden Corporate Social Responsibility- bzw. Corporate Citizenship-Strategien und -Maßnahmen obsolet bzw. kontraproduktiv?

5. Diskutieren Sie den Artikel 14, Absatz 2 des Grundgesetzes der Bundesrepublik Deutschland in seiner Bedeutung für die Wirtschafts- und Unternehmensethik: „Eigentum verpflichtet. Sein Gebrauch soll zugleich dem Wohle der Allgemeinheit dienen"!

6. Lesen Sie den Text „Können Unternehmen gut sein?" aus der Wochenzeitung „Die Zeit" im Anhang und bearbeiten Sie die dort gestellten Aufgaben!

## 5. Management by Values: Wertemanagement

„Vermittlung von Werten, wie man sich in der ‚Wirtschafts- bzw. Unternehmenswelt'
nach ethischen Grundsätzen korrekt verhält bzw. verhalten sollte."[18]

Werte, Normen und Tugenden sind ein wichtiger Bestandteil der Leitung jedes Unternehmens. Die wachsende Bedeutung von Werten im unternehmerischen Handeln zeigt sich in einem gestiegenen öffentlichen Interesse und an einer breiten fachlichen Debatte um das Konzept des „Management by Values". Um Werte in einem Unternehmen erfolgreich fest- und umzusetzen, bedarf es eines konzeptionellen Vorgehens, einer kommunikativen Verbreitung und einer kontinuierlichen Überprüfung der Werte und ihrer Umsetzung.

Werte und Ethik eines Unternehmens sind auf verschiedenen Ebenen und in unterschiedlichen Dokumenten formuliert, dazu gehören etwa Unternehmensleitbild, Ethikkodex, Verhaltensregeln. In der Regel helfen die Werte im Unternehmen die Frage zu klären: Wer sind wir und woran glauben wir? Die Verhaltensregeln sind von der grundlegenden Frage bestimmt: Worauf bauen wir, was bestimmt unser Handeln?

Die Begriffe „Wertemanagement" oder „werteorientierte Unternehmensführung" bezeichnen einen Leitungsstil, der nicht nur an ökonomisch-materiellen Werten, sondern eben auch an moralisch-ideellen Werten ausgerichtet ist, so dass der größtmögliche Unternehmenserfolg erreicht werden kann. Unabhängig von ihrer Größe haben viele Unternehmen die Vorzüge des Wertemanagements erkannt und nutzen dieses Instrument.

Wertemanagementsysteme sind unternehmensinterne Instrumente, die sich für die Verfassung moralischer Richtlinien einer Organisation und deren Leitwerte verantwortlich zeigen. Exakter formuliert geht es darum, handlungs- und entscheidungsleitende Werte eines Unternehmens oder einer Organisation auf die verschiedenen Managementebenen herunter zu brechen. Die vier Prozessstufen des Wertemanagementsystems sind daher für die Organisation, Umsetzung und Kontrolle des moralischen Verhaltens verantwortlich.

---

[18] Spontandefinition des Begriffs „Wirtschaftsethik" eines/r Studierenden, vgl. Fußnote 1.

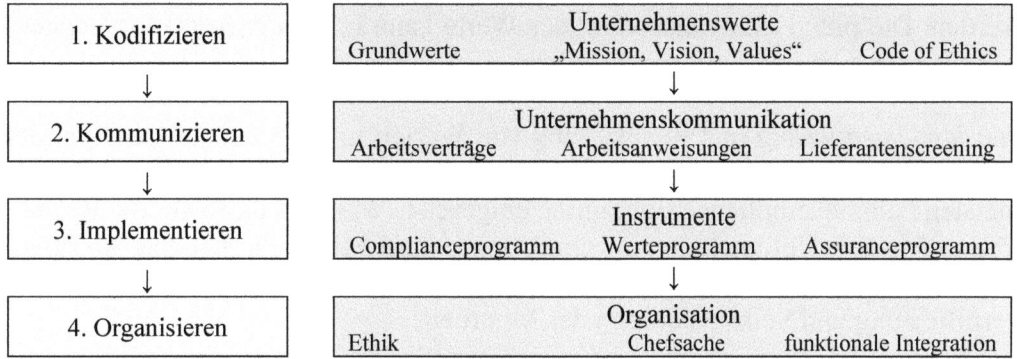

Vier Prozessstufen des Wertemanagements
(eigene Darstellung, angeregt durch Kunze 2008, 122, vgl. Wieland 2004, 26)

Die Grundlage jedes Wertemanagementsystems ist die *Kodifizierung* der Werte eines Unternehmens, womit die Identität des Unternehmens bestimmt wird. Ein solcher Grundwertekatalog, der sich mittlerweile als Standard durchgesetzt hat, stellt eine Art Visitenkarte des Unternehmens dar. Eine Möglichkeit, Werte in einem Unternehmen in Gruppen aufzuteilen, zeigt folgende Übersicht. Die Gruppe „Moralische Werte" erscheint dabei insofern problematisch als die Werte auch der drei anderen Gruppen in einem weiteren Sinne als moralische Werte bezeichnet werden können, so dass die hier aufgeführte Gruppe „Moralische Werte" dieselben in einem engeren Sinn meint:

| Moralische Werte | Kooperationswerte | Leistungswerte | Kommunikationswerte |
|---|---|---|---|
| Integrität Fairness Ehrlichkeit Vertragstreue Verantwortung | Loyalität Teamgeist Konfliktfähigkeit Offenheit Kommunikations- orientierung | Nutzen Kompetenz Leistungsbereitschaft Flexibilität Kreativität Qualität | Achtung Zugehörigkeit Offenheit Transparenz Verständigung Risikobereitschaft |

Wertegruppen im Unternehmen
(eigene Darstellung zu Dürnhofer & Peter 2004, 257)

Die Auswahl der Grundwerte kann z.B. aus den o.g. vier Wertegruppen erfolgen. Sind die Grundwerte kodifiziert, müssen sie im Geschäftsalltag mit „Leben" erfüllt werden. Dabei spielt die *Kommunikation* eine entscheidende Rolle, indem die Werte bei Mitarbeitenden, Kunden, Lieferanten und Kapitalgebern verbreitet werden. Die praktische Umsetzung der Werte kann mittels Arbeitsanweisungen, Arbeitsprozessen und Leitlinien erfolgen.

Die *Implementierung* und Realisierung von Werten in den Geschäftsalltag bildet die dritte Prozessstufe eines Wertemanagementsystems. Hierzu werden in den meisten Fällen Complianceprogramme eingesetzt. Während diese auf die Rechtsförmigkeit von Unternehmensentscheidungen und Mitarbeiterhandeln abzielen, legt das Wertemanagementsystem seinen Fokus auf eine moralorientierte Selbstverpflichtung und Selbststeuerung der Mitarbeiter.

Die letzte Prozessstufe ist die *Organisation* des Wertemanagementsystems. Hiermit ist die funktionale Integration in das Qualitätsmanagementsystem, die Interne Revision, Kommunikationsabteilung oder Stabsstelle in der Unternehmensführung gemeint. Aufgabe der Organisation ist es, die Implementierung der Werte ständig zu kontrollieren und zu evaluieren. Die ethische Kontrolle erfolgt häufig durch interne oder externe Audits. Alle diese Maßnahmen sind allerdings nur dann erfolgsversprechend, wenn Werte und Verhaltensregeln von der Unternehmensführung vorgelebt werden.

Auch wenn ein Wertemanagement von jedem Unternehmen genutzt werden kann, so nimmt die Komplexität des Wertemanagements doch mit Größe des Unternehmens zu. Besondere Relevanz hat die aktive Berücksichtigung von Werten speziell für global agierende Unternehmen. Denn bei ihnen gilt es, interkulturelle und interreligiöse Wertedifferenzen zu thematisieren und zu bearbeiten. Ein bloßes Festlegen von Werten zur Imageverbesserung kann für kein Unternehmen ausreichen, vielmehr ist ein systematisches Wertemanagement zur Entwicklung, Umsetzung und Einhaltung von Werten über alle Hierarchieebenen hinweg vonnöten.

**Aufgaben zur Weiterarbeit**
1. Welche Chancen und Gefahren des Wertemanagements sehen Sie?
2. Halten Sie die vier Wertegruppen für klar systematisiert? Fehlen Werte?
3. Lesen Sie im Anhang den Text zum Wertemanagementsystem der Bauindustrie und bearbeiten Sie die dortigen Aufgaben zum Text!

## Nachhaltigkeitsstrategie

### Der Nachhaltigkeitsrat der BASF
Nur wenn der Gedanke der Nachhaltigkeit fest in Organisations- und Managementsysteme integriert ist, kann er wirksam werden. Deshalb haben wir Strukturen geschaffen, um nachhaltiges unternehmerisches Handeln von der Strategie bis zur Umsetzung voranzutreiben.

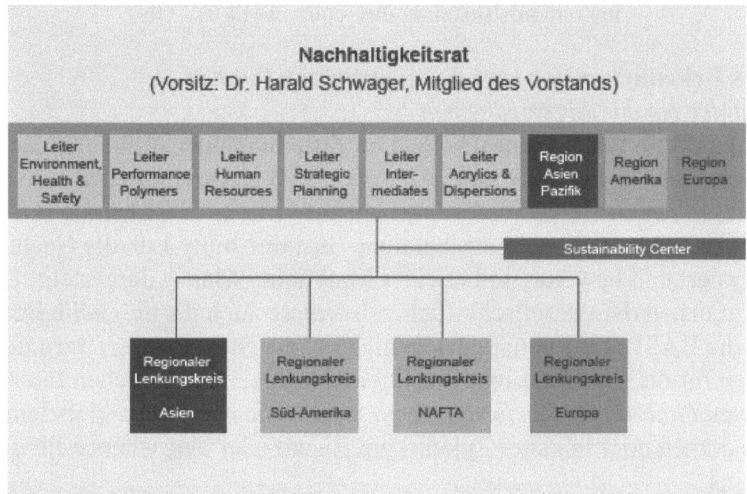

*Nachhaltigkeitsrat entwickelt Strategien*
Ein Nachhaltigkeitsrat ("Sustainability Council") unter der Leitung von Vorstandsmitglied und Arbeitsdirektor Dr. Harald Schwager kümmert sich um die Ausrichtung der gesamten BASF-Gruppe am Leitbild der Nachhaltigkeit. Dieses Gremium besteht neben Schwager aus neun Leitern von Bereichen, die im Zusammenhang mit der Nachhaltigkeit von Bedeutung sind. Ihre zentrale Aufgabe ist die Strategieentwicklung für die drei Handlungsfelder des Leitbilds: Ökonomie, Ökologie und Gesellschaft.
*Internationale Lenkungskreise steuern weltweite Umsetzung*
Im Jahr 2004 haben wir damit begonnen regionale Netzwerke (regional steering commitees) in Asien, Amerika und Europa einzurichten. Sie unterstützen die Umsetzung der erarbeiteten Strategien und verstärken unsere Nachhaltigkeitsorganisation in den Regionen.
*Projektteams erarbeiten konkrete Maßnahmen*
Dem Lenkungskreis arbeiten verschiedene Projektteams zu, die aufgabenbezogen aus Mitarbeitern bestehender operativer Einheiten gebildet werden. In den Teams geht es zum Beispiel um die Erarbeitung messbarer Indikatoren, um die Weiterentwicklung und Überprüfung von Umwelt- und Sozialstandards und um die Ausweitung der Nachhaltigkeitsberichterstattung. Weil die Mitglieder der Projektteams in operativen Einheiten verankert bleiben, ist sichergestellt, dass sich alle Maßnahmen streng am Unternehmensalltag orientieren.

*Sustainability Center koordiniert interne Projekte und Stakeholder Dialogue*
Das Sustainability Center agiert als Schaltstelle zwischen Nachhaltigkeitsrat, regionalen Lenkungskreisen, Projektteams, Facheinheiten und Standorten. Neben der Koordination der unternehmensinternen Projekte und Teams ist das Sustainability Center auch für externe Kooperationen mit Umweltverbänden, Wirtschaftsverbänden, Initiativen wie dem Global Compact der Vereinten Nationen und Rating Agenturen zuständig.

aus: http://www.basf.com/group/corporate/de/sustainability/management-and-instruments/sustainability-council (14.07.2009)

**Frühzeitiges Erkennen relevanter Nachhaltigkeitsthemen**
*Management der Nachhaltigkeitsthemen*
Wir wollen für BASF bedeutsame Themen im Zusammenhang mit einer nachhaltigen Entwicklung frühzeitig erkennen und bearbeiten. Ziel ist es, Strategien zum Umgang der BASF mit diesen neuen Herausforderungen zu entwickeln. 2007 hat die BASF zusammen mit der britischen Unternehmensberatung SustainAbility Ldt. die Nachhaltigkeitsthemen analysiert und bewertet und in einer Materiality Matrix dargestellt. Diese Matrix berücksichtigt neben dem gesellschaftlichen Interesse auch die mögliche Bedeutung der Themen für die BASF. Eine genaue Untersuchung der Stakeholdererwartungen bildete die Grundlage für die Einschätzung des allgemeinen gesellschaftlichen Interesses.
*Rahmenthemen/Globale Herausforderungen* ...sind Themen, die in globalem Interesse sind und die derzeit oder in naher Zukunft ein Risiko oder eine Chance für die BASF darstellen. [...]
*Kernthemen* ...sind Themen, die von direktem Interesse sind und die derzeit oder in naher Zukunft ein Risiko oder eine Chance für die BASF darstellen.

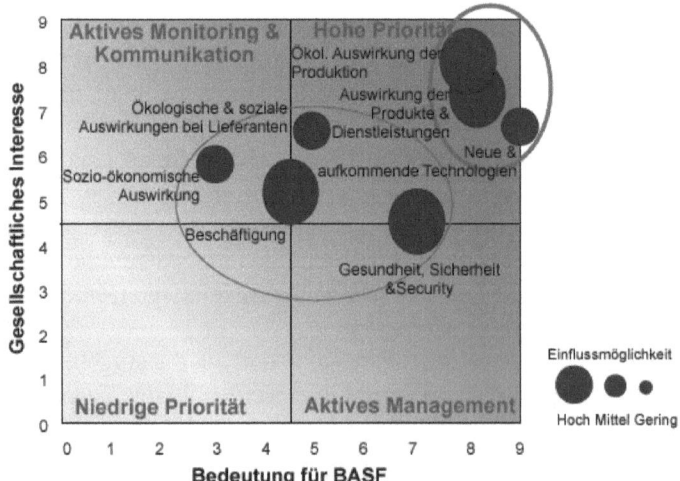

aus: http://www.basf.com/group/corporate/de/sustainability/management-and-instruments/relevant-topics (14.07.2009)

**Verantwortliches Handeln in der Lieferkette**
Wie sorgsam gehen Spediteure mit den Produkten der BASF um? Unter welchen Bedingungen arbeiten technische Partnerfirmen der BASF? Wie sicher sind die Produkte und Verfahren von Lieferanten?
Immer mehr Kunden und Investoren wenden sich mit diesen Fragen an uns. Wir haben darauf eine klare Antwort: Für uns zählt verantwortungsvolles Handeln in der gesamten Lieferkette, denn wir wollen mit unseren Geschäftspartnern stabile und langfristige Beziehungen aufbauen. Wir wählen daher Spediteure, Dienstleister und Lieferanten nicht nur unter wirtschaftlichen Aspekten aus, sondern beziehen in unsere Entscheidung ein, wie sie ihrer ökologischen und sozialen Verantwortung gerecht werden.
*Sichere Transporte zu unseren Kunden*
Die Erwartungen eines Kunden an unsere Logistik lassen sich leicht auf den Punkt bringen: Das bestellte Produkt soll in der gewünschten Menge und Qualität pünktlich geliefert werden. Hohe Sicherheitsstandards bei den in unserem Auftrag fahrenden, zumeist unabhängigen Spediteuren sind dafür eine wichtige Voraussetzung. Unser Instrument für umfassende Sicherheit ist das "Safety and Quality Assessment"-System, kurz: SQAS. Das standardisierte Bewertungsverfahren für Spediteure haben Chemieunternehmen im europäischen Verband der chemischen Industrie (CEFIC) entwickelt. Anhand eines SQAS-Berichts erkennen wir unter anderem den Ausbildungsstand der Mitarbeiter, die Reaktionszeit bei Notfällen, die Ausrüstung der Fahrzeuge oder wie gut ein Spediteur auf Krisen vorbereitet ist. Erst wenn wir uns sicher sind, dass der Transportunternehmer alle Anforderungen erfüllt, vertrauen wir ihm unsere Produkte an.
*Wir bewerten und fördern technische Partnerfirmen*
Viele handwerkliche Arbeiten werden in der BASF von Partnerfirmen ausgeführt – sie reparieren, montieren und transportieren. An unseren Standorten tragen auf diese Weise zahlreiche externe Firmen zu unseren Leistungen bei. Auf dem Weg zu besten Lösungen sind sie unsere Partner. Aus diesem Grund sind alle Gesellschaften der BASF und der Jointventures, an denen wir die Mehrheit halten, verpflichtet, die Leistungen von Partnerfirmen zu bewerten und zu fördern. Unsere globalen Richtlinien zum Sicherheits-, Gesundheits- und Umweltmanagement stellen Mitarbeiter der Partnerfirmen unseren Mitarbeitern gleich, wenn es darum geht, die Einhaltung aller Vorschriften zu prüfen, Trainingsmaßnahmen durchzuführen und deren Erfolg zu messen.
Um das Sicherheitsbewusstsein bei Partnerfirmen weiter zu fördern, hat die Ludwigshafener Werksleitung im Jahr 2003 eine Bonus-Malus-Regelung für handwerkliche Arbeiten eingeführt. Verstößt ein Mitarbeiter der Partnerfirma während der Arbeit gegen eine Sicherheitsvorschrift, reduziert sich die vorab vereinbarte Prämie um einen bestimmten Prozentsatz, der verbindlich festgelegt ist.
*Lieferanten von Rohstoffen werden vor Ort geprüft*
Für ihre weltweiten Produktionsstandorte hat die BASF im Jahr 2006 bei rund 5.000 unterschiedlichen Lieferanten mehr als 10.000 Rohstoffe im Wert von ungefähr 15 Milliar-

den EUR eingekauft. Die Mitarbeiter des Rohstoffeinkaufs übernehmen dabei noch eine weitere Aufgabe: Sie schätzen direkt vor Ort das Produkt- und Lieferantenrisiko ein.

*Auf das Produkt und seine Herkunft kommt es an*

Jeder Rohstoff, den die BASF kaufen will, wird zunächst von den Mitarbeitern des Einkaufs in eine von drei Kategorien eingeordnet: A steht für sicher, B für schädlich und C für toxisch. So wäre beispielsweise Natriumchlorid, besser bekannt als Tafelsalz, ein Stoff der Klasse A. Ethanol, ein Alkohol, der in Getränken verwendet wird, zugleich aber leicht entzündlich ist, gehörte in die Kategorie B. Und Methanol, ein giftiges Produkt, wäre in die dritte Kategorie C einzuordnen. Anschließend werden auch die Lieferanten nach genau definierten Kriterien unterschieden. Zunächst einmal danach, ob sie in OECD-Ländern oder Nicht-OECD-Ländern ansässig sind (OECD: Organisation for Economic Cooperation and Development). Der Grund für diese erste Einschätzung ist die Annahme, dass die Umwelt und Sicherheitsstandards in OECD-Ländern höher einzuschätzen sind als in Ländern, die diesen nicht angehören. Besonderes Augenmerk legen wir auf die endgültige Bewertung eines möglichen Lieferanten für ein Produkt der Klasse C aus einem Nicht-OECD-Land. Sie erfolgt direkt vor Ort.

Gemeinsam mit Experten für Umweltschutz, Sicherheit und Gesundheit besuchen Mitarbeiter des Rohstoffeinkaufs den Hersteller. Bei ihrer Prüfung achten sie beispielweise darauf, ob der Lieferant Kläranlagen betreibt und ob er für Mitarbeiter und Anlagen ausreichende Sicherheitsvorkehrungen nach den Maßstäben von Responsible Care® getroffen hat.

*Beratung für bessere Leistungen*

Es entspricht unserem Selbstverständnis, im Sinne von Responsible Care® allen unseren Partnern Informationen zur Verfügung zu stellen oder Beratung anzubieten, um Sicherheit, Gesundheits- und Umweltschutz zu fördern. Das bedeutet beispielsweise im Rohstoffeinkauf, dass wir einen Hersteller, der nicht über die notwendigen Standards verfügt, mit unserem Fachwissen unterstützen, um mögliche Risiken zu verringern. Sobald der Lieferant unseren Anforderungen entspricht, können wir seine Rohstoffe in unser Beschaffungsprogramm aufnehmen. Gerade in unseren strategischen Wachstumsmärkten kommt es darauf an, dass wir mit neuen Standorten auch leistungsfähige Lieferantenbeziehungen aufbauen.

*China: Nachhaltigkeit in der Wertschöpfungskette*

Im April [2009; A.Gö.] hat der China Business Council for Sustainable Development (CBCSD) das CSR-Projekt "1+3" in Peking gestartet. Initiiert von nachhaltig wirtschaftenden Unternehmen wie BASF, Sinopec und Philips verpflichteten sich fast 50 kleine und mittelständische Unternehmen zur Umsetzung von CSR. Das Projekt sieht vor, dass Mitgliedsunternehmen des CBCSD mit jeweils drei Geschäftspartnern ein Team entlang der Wertschöpfungskette bilden. Idealerweise handelt es sich bei ihnen um einen Kunden, einen Lieferanten und einen Logistikdienstleister. Bei ihnen sollen CSR-Konzepte durch die systematische Unterstützung der Partner mit Best-Practice Verfahren und Erfahrungen sowie individuellen Lösungen gefördert werden. Die Teammitglieder wiederum führen das gleiche Modell bei drei weiteren Partnern ihrer eigenen Wertschöpfungskette ein. So werden nach dem Schneeballsystem nicht nur die erfolgreichen Prinzipien von Nachhaltigkeit weiter verbreitet. BASF kann so auch ihre strategischen Partnerschaften mit Kunden intensivieren. Derzeit nehmen in China sechs BASF-Geschäftspartner direkt an dem Projekt teil.

*Soziale Mindeststandards bei Lieferanten*

Unser verantwortliches Handeln im Umgang mit Lieferanten schließt auch soziale Mindeststandards ein. Beim Einkauf von Rohstoffen ist für uns im Sinne der UN-Initiative "The Global Compact" zum Beispiel Voraussetzung, dass unsere Lieferanten keine Kinder und Zwangsarbeiter beschäftigen. In unseren Bedingungen für den Einkauf ist außerdem festgelegt, dass unsere Lieferanten die internationalen Arbeitsstandards der ILO (International Labour Organization) einhalten.


**Grundwerte und Compliance: Grundwerte und Leitlinien**

Woran orientieren wir uns auf dem Weg zur Nachhaltigkeit? Was sind die Werte, die unsere Identität als BASF ausmachen und uns über alle Grenzen hinweg verbinden? Und woran können uns unsere Mitarbeiter und Mitarbeiterinnen, Geschäftspartner, Aktionäre und Nachbarn messen? Die Grundwerte und Leitlinien der BASF-Gruppe und die Strategie 2015 geben Antworten auf diese Fragen.

*Leitplanken in drei Teilen*

1. Mit der *Strategie* BASF 2015 verfolgen wir unser Ziel, auch in Zukunft das weltweit führende Unternehmen der chemischen Industrie zu sein. Eine der vier strategischen Leitlinien lautet "Wir wirtschaften nachhaltig für eine lebenswerte Zukunft". […]

2. Sechs *Grundwerte* beschreiben unsere Einstellung und die Art und Weise, wie wir diese Ziele erreichen wollen:

- Nachhaltiger Erfolg: Nachhaltiger wirtschaftlicher Erfolg im Sinne von Sustainable Development ist Voraussetzung für unsere Aktivitäten. Wir schaffen Werte im Interesse unserer Kunden, Anteilseigner sowie unserer Mitarbeiter und übernehmen Verantwortung in der Gesellschaft.
- Innovation im Dienste unserer Kunden
- Sicherheit, Gesundheit, Umweltschutz
- Interkulturelle Kompetenz
- Gegenseitiger Respekt und offener Dialog
- Integrität

3. Die *Leitlinien* konkretisieren, wie wir gemäß diesen Grundwerten im Unternehmensalltag handeln wollen. […]

aus: http://www.basf.com/group/corporate/de/sustainability/values-compliance/values-principles (14.07.2009)

**Der Transparenz verpflichtet – Chief Compliance Officer**
*Der Chief Compliance Officer – erfahren und unabhängig*
Mit der Ernennung des Chief Compliance Officers zu Beginn des Jahres 2003 war BASF eines der ersten deutschen Großunternehmen, das in dieser Form eine solche Stelle eingerichtet hat. Der Chief Compliance Officer ist zuständig für die kontinuierliche, gruppenweite Weiterentwicklung des Compliance-Programms und betreut ein Netzwerk von regionalen Compliance-Beauftragten. Aufgrund langer Arbeitserfahrung innerhalb der BASF Gruppe, verfügt der Chief Compliance Officer zum einen über den erforderlichen Einblick, zum anderen hat er als zugelassener Rechtsanwalt die notwendige Unabhängigkeit für dieses Amt.
*Rechtsverstöße von Mitarbeitern werden nicht toleriert*
Mit dem Compliance Programm zeigt die BASF Gruppe ihr Engagement zur Umsetzung des Unternehmenswertes Integrität. Da Rechtsverstöße von Mitarbeitern das Ansehen des Unternehmens und das Vertrauen der Stakeholder in die BASF erheblich beeinträchtigen können, werden Zuwiderhandlungen nicht toleriert. Das Compliance Programm bietet den Mitarbeitern dabei eine Hilfestellung zu korrektem Verhalten: In einer Handlungsanleitung fasst es zentrale gesetzliche Bestimmungen sowie die entsprechende Unternehmenspolitik zusammen.
*Mitarbeitertraining zum Verhaltenskodex*
Zur Einführung der Grundwerte hat es in der Startphase zwischen 2000 und 2002 allein bei der BASF SE in Ludwigshafen rund 70 Informationsveranstaltungen gegeben. Weltweit wurden Mitarbeiter durch regional spezifische Maßnahmen über die Grundwerte und Leitlinien, sowie über das Compliance Programm informiert. Ein zentral eingerichtetes Support-Büro bot zusätzliche Hilfe mit Informationsmaterial und Moderation und Beratung vor Ort. Weiterhin baute das Büro innerhalb der BASF ein internationales Netzwerk mit lokalen Beauftragten auf. Heute lernen Mitarbeiter in speziellen Trainingsprogrammen, den Verhaltenskodex zielgerecht und auf ihre tägliche Arbeit bezogen anzuwenden. In nahezu allen Ländern steht eine Telefonhotline zur Verfügung, die den Mitarbeitern der BASF neben der Möglichkeit, den Vorgesetzten und die Personal- oder Rechtsabteilung aufzusuchen, eine weitere Anlaufstelle bietet, an die sie sich vertrauensvoll wenden können.

aus: http://www.basf.com/group/corporate/de/sustainability/values-compliance/chief-compliance-officer?mid=0 (14.07.2009)


**Aufgaben zur Weiterarbeit**
1. Besprechen Sie bitte die wesentlichen Inhalte des Textes miteinander und skizzieren Sie die Instrumente des BASF-Nachhaltigkeitsmanagementsystems!
2. Welche Instrumente erscheinen Ihnen unschlüssig oder übermäßig aufwendig?
3. Inwiefern halten Sie die sechs Grundwerte der BASF für umsetzbar? Wie verhalten sich die ersten beiden zu den folgenden vier Grundwerten?
4. Welche Vor-/Nachteile hat ein solches System ethischen Managements?

## Stakeholder-Analyse

nach: Reinhart Nagel & Rudolf Wimmer: Systemische Strategieentwicklung. Modelle und Instrumente für Berater und Entscheider, Stuttgart: Klett-Cotta, 2008, 129-132

Die erfolgreiche Entwicklung einer Organisation hängt letztlich davon ab, ob sie in ihren jeweiligen sozialen Umfeldern flexibel reagieren kann. Das soziale Beziehungsgeflecht zwischen dem Unternehmen und den relevanten Interessensgruppen verdient daher viel Aufmerksamkeit. Die Stakeholder-Analyse ermöglicht einen ersten differenzierten Blick auf die wichtigsten Mitspieler und deren Interessenslagen im Bezug auf das untersuchte Unternehmen. Sie steht in der Tradition der „politischen Schule", deren Protagonisten die Strategieentwicklung als komplexen Verhandlungsprozess betrachten. Um das Beziehungsnetz zu analysieren, muss man zunächst Beziehungen identifizieren, die das Überleben der Organisation aktuell und künftig mitbestimmen. Parallel dazu kann man andere aussondern, die voraussichtlich eher zu vernachlässigen sind. In einem zweiten Schritt beschäftigt sich die Stakeholder-Analyse mit der Frage, welche Erwartungen und Interessen diese Interessengruppen im Hinblick auf das Unternehmen oder die betrachtete Organisationseinheit hegen. Denn die Überlebenschancen werden nicht zuletzt dadurch beeinflusst, wie das Unternehmen von seinen zentralen Partnern wahrgenommen wird.

Mit Hilfe der Stakeholder-Analyse nimmt man zu Beginn der strategischen Arbeit ganz konsequent eine Außenperspektive ein und verhindert damit, nur "im eigenen Saft zu schmoren". Am Ende dieses ersten Diagnoseschritts steht ein von allen akzeptiertes Bild über die Chancen und Risiken, die sich aus den Interessen der wichtigsten Mitspieler auf dem Strategiefeld für das Unternehmen ergeben.

### Leitfaden für eine Stakeholder-Analyse

*Schritt 1: Wählen Sie die wichtigsten Stakeholder aus*

Am besten sichtet eine kleine Arbeitsgruppe die identifizierbaren Stakeholder (Interessengruppen) und wählt die fünf bis neun wichtigsten aus. Grundsätzlich kommen all jene als Stakeholder in Frage, die ein großes Interesse am Gedeihen oder Niedergang des untersuchten Unternehmens haben: Kunden, Konkurrenten, Lieferanten, Aktionäre, Kooperationspartner, Finanziers, Behörden, Belegschaftsvertreter, nationale oder supranationale Organisationen, aber auch Mitarbeiter oder bestimmte Mitarbeitergruppen des Unternehmens.

- Die wichtigsten „Mitspieler" im Match um den Erfolg unseres Unternehmens oder unserer Organisationseinheit sind ...

*Schritt 2: Entwerfen Sie ein Bild des Beziehungsgeflechts*
Um die Bedeutung und die Intensität der einzelnen Beziehungen zu verdeutlichen, können Sie das darzustellende Beziehungsgeflecht nach folgenden Prinzipien strukturieren:

- Für die Bedeutung des jeweiligen Stakeholders wählen Sie unterschiedlich große Kreise. Je wichtiger der Systempartner für das Überleben Ihres Unternehmens scheint, desto größer fällt auch der Kreis aus. Beziehen Sie in Ihre Überlegungen auch die Frage ein, welche strategischen Möglichkeiten sich durch den jeweiligen Stakeholder erschließen könnten und welche Begrenzungen er möglicherweise mit ins Spiel bringt.
- Die Intensität der Beziehung wird durch die Nähe zum Unternehmen im Zentrum des Bildes ausgedrückt. Nicht berücksichtigt ist dabei die Qualität der Beziehung. Es kann sich also genauso um eine besonders positive wie auch um eine konfliktreiche oder gestörte Beziehung handeln.

Die so entstehende Stakeholder-Grafik lässt sich mit der Metaplantechnik auf einer Plakatwand darstellen.

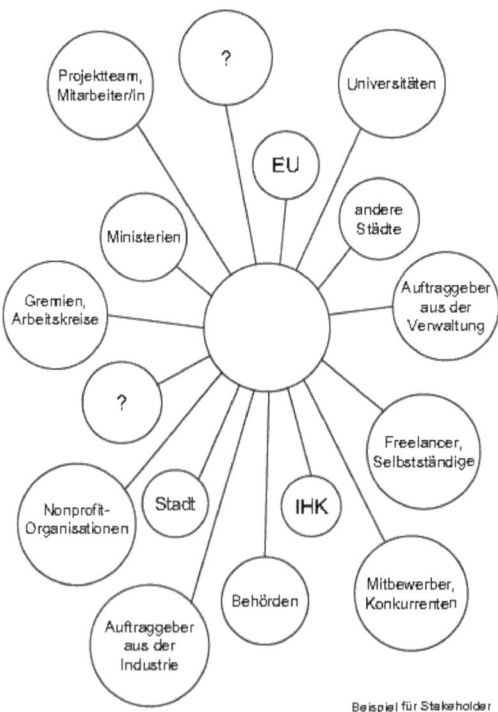

Beispiel für Stakeholder

*Schritt 3: Analysieren Sie ihre wichtigsten Beziehungen*
Nun folgt eine genaue Analyse der einzelnen Beziehungen:

- Welche Erwartungen könnte der Stakeholder in Bezug auf die Zukunftsstrategie des untersuchten Unternehmens hegen? Welche Befürchtungen könnten ihn plagen?
- Welche Interessen könnten die einzelnen Systempartner verfolgen? Und wer hat welche „Aktien" im Spiel?
- Welche Gegenstrategien könnten einzelne Interessengruppen verfolgen?
- Welche Koalitionen wären für uns möglich, welche könnten die Stakeholder untereinander schließen?

Um zu Antworten auf diese Fragen zu kommen, hat man die Wahl zwischen zwei Vorgehensweisen. In vielen Fällen ist es möglich, zwei bis drei reale Systempartner zu einem Analyseworkshop einzuladen und dort ihre Erwartungen und Befürchtungen "im Original" zu erheben. Die Ergebnisse dieser Diagnose werden am besten durch Metaplankärtchen auf der Darstellung des Beziehungsgeflechts dokumentiert.
Alternativ zur Metaplandarstellung können auch aufstellungs- oder rollenspielartige Inszenierungen zum Einsatz kommen. In dieser Variante übernehmen einzelne Personen die Rollen der Systempartner und stellen die jeweilige Beziehungssituation szenisch dar. Auch diese Ergebnisse sollten im Bild des Beziehungsgeflechts festgehalten werden.

*Schritt 4: Erste Chancen und Risiken zeichnen sich ab*
Die Auswertung des Beziehungsgeflechtes ermöglicht eine erste Einschätzung, welche Chancen von den wichtigen Mitspielern auf dem Feld der Strategie ausgehen und wo Bedrohungen entstehen könnten.
- Wo liegen Risikopotentiale?
- Welche Chancen ergeben sich für uns?

Die Einschätzungen werden sorgfältig dokumentiert und bilden erste Anhaltspunkte für die spätere Entwicklung von strategischen Optionen.

aus: http://www.team-training.de/projekte/grundtsp/pdf/stake_analyse.pdf (03.12.2009)

**Aufgaben zur Weiterarbeit**
1. Diskutieren Sie bitte die Einführung und die vier Schritte des Leitfadens der Stakeholderanalyse und skizzieren Sie die wesentlichen Inhalte!
2. Spielen Sie am Fallbeispiel der von Shell zu entsorgenden Ölplattform (vgl. Kap. II.3. Ende) die vier Schritte der Stakeholderanalyse durch; fertigen Sie dazu eine „Stakeholder-Grafik" nach dem obigen Beispiel an und probieren Sie die „aufstellungs- und rollenspielartige Inszenierung" aus!
3. Unter welchen ethischen und ökonomischen Gesichtspunkten würden Sie in einem fünften Schritt die verschiedenen Stakeholderinteressen bewerten?
4. Wie würden Sie mit konfligierenden Stakeholderansprüchen umgehen?

## Können Unternehmen gut sein?

Viele Konzerne geben sich sozial. Glaubhaft sind sie nur, wenn sie auch den Gemeinnutz mit Gewinnstreben verbinden

Von Götz Hamann und Uwe Jean Heuser

Es war Ende Januar in Davos, und das World Economic Forum, das Gipfeltreffen der Manager, wandte sich der Frage zu, ob Unternehmen gut sein können. Oben auf der Bühne bekannten sich Weltstars wie Microsoft-Gründer Bill Gates und Pepsi-Chefin Indra Nooyi zu ihrer sozialen Verantwortung. Unten im Publikum ging Hannah Jones mit. Mal nickte sie, mal schüttelte sie heftig den Kopf. Die da oben redeten über das, womit sich die Britin jeden Tag beschäftigt. Jones ist lange eine Aktivistin gewesen. Inzwischen ist sie zu einer Art Kapitalistin geworden. Seit ihrem Philosophiestudium versucht sie, die Welt gerechter und grüner zu machen. Erst mit der BBC, dem britischen öffentlich-rechtlichen Fernsehen. Dann in Bürgerorganisationen. Gerecht und grün – darauf zielt sie noch immer. (...) Nur ist Jones heute Managerin. Vor zehn Jahren trat sie beim Sportartikelhersteller Nike an und wurde dort zu einer Pionierin des vielleicht am schnellsten wachsenden Wirtschaftsfeldes überhaupt: »Corporate Social Responsibility«, kurz: CSR.

Fast jedes westliche Großunternehmen will heute beweisen, dass es seine gesellschaftliche Verantwortung wahrnimmt – und allen zeigen, wie gut es das tut. Aber seit der Begriff CSR, der vor einem halben Jahrhundert geprägt wurde, in den neunziger Jahren populär wurde, wuchert er in alle Richtungen. Eine ganze Industrie von Beratern und Experten hat sich an diesem Trend festgesaugt. Auf den Finanzmärkten sind Fonds entstanden, die sich auf sozial verantwortliche Firmen verlegt haben. Doch was bleibt davon, wenn die Modewelle dereinst verebbt? »Gute CSR steigert den Wert des Unternehmens«, sagt die Frontfrau der deutschen CSR-Bewegung Petra Kinzl. Die Beraterin wurde bekannt, weil sie dem Arzneihersteller Betapharm aus der Krise half: Das Unternehmen engagierte sich dauerhaft bei einer Initiative für Familien mit chronisch kranken Kindern, verbesserte auf diese Weise seinen Ruf bei Ärzten und Apothekern und verschaffte sich so einen Wettbewerbsvorteil. Seither werden die Präparate der Firma deutlich häufiger verschrieben und empfohlen. Kinzl sagt, das höchste Ziel von CSR sei, neue Geschäftsfelder zu finden und im Wettbewerb besser zu werden.

Soziales Engagement führt oft zu mehr Gewinn, dafür findet Gregor Schönborn immer wieder Belege. Der Ex-Chef der PR-Agentur ECC Kohtes Klewes hat mit der Universität St. Gallen ein eigenes Bewertungsschema entwickelt und den Zusammenhang in mehr als 60 Untersuchungen nachgewiesen. So gesehen, ist CSR kein Feigenblatt für brutal agierende Kapitalisten, sondern eine profitable Methode.

Hannah Jones kam zu Nike, als es dem Konzern ans Leder ging. Kaum eine Weltfirma wurde von Bürgerorganisationen in den neunziger Jahren so hartnäckig attackiert. Kaum eine wurde von der Wut ihrer Kunden so hart getroffen wie der Turnschuhkonzern aus Portland im US-Bundesstaat Oregon. Er ließ im Ausland unter menschenverachtenden Bedingungen produzieren. Ein US-Gericht bescheinigte den Managern noch Jahre nach den ersten Skandalen, ihre eigene Beschreibung der Arbeitsbedingungen sei unlauter. Der Konzern war als Lügner entlarvt. Um so etwas künftig zu vermeiden, hat Jones viel Geld in die Hand bekommen. Sie durfte mehr als hundert Mitarbeiter suchen. »So mancher hat eine Gehaltskürzung hingenommen«, um in der Sozialabteilung zu arbeiten, sagt sie. (…) Hannah Jones' Leute haben an einem Basketballschuh mitgearbeitet, der mit deutlich weniger umweltbelastendem Klebstoff und weniger Abfall hergestellt wird als seine Vorgänger. Ohne Abstriche beim Aussehen und bei der Leistung, wie die CSR-Profis sagen. Zuvor hatten sie schon erfasst, welchen Abfall der Konzern wo auf der Welt ausspuckt. Und sie waren es auch, die einen Index für die Designer entwickelt hatten. Daran lässt sich sofort ablesen, wie stark ein bestimmtes Design und ein bestimmtes Material die Umwelt belasten würden. Nun ist es keineswegs so, dass die sozialen und ökologischen Belange überall in die Strategie von Nike eingegangen wären. Immer noch melden Bürgerrechtler aus der Dritten Welt Missstände – wenn auch seltener. Doch die Frau, die nun als Aktivistin von innen agiert, glaubt an das Fortschreiten ihrer Idee. Sie glaubt, dass sich noch mehr Menschen so entwickeln werden wie jener Manager, der vor mehr als zwanzig Jahren die erste Nike-Fabrik in China aufbaute – und heute als Teil ihres Teams versucht, die Arbeitsbedingungen in den Nike-Betrieben zu verbessern.

Verglichen mit Nike, stecken viele Unternehmen noch in der Steinzeit der CSR, gerade in Deutschland. Unter dem Druck, irgendetwas sozial Verantwortliches zu tun, verschleudern sie Geld und Vertrauen. Abteilungen für Kommunikation klauben zusammen, was ihr Unternehmen »Gutes« tut, und kleben die CSR-Marke drauf – selbst wenn es sich nur um den Spleen eines Vorstandsmitglieds handelt.
Die Deutsche Börse, selbst eine Aktiengesellschaft, behauptet, ihre Verantwortung »gegenüber der Gesellschaft, insbesondere an Standorten« des Unternehmens wahrzunehmen. Tatsächlich sponsert sie in Frankfurt am Main Diskussionen und Projekte. Trotzdem kann man ihr schwerlich glauben. Denn bald ziehen die ersten Mitarbeiter nach Eschborn um – und dann immer mehr. »Steueroptimierung« nennt die Deutsche Börse das. Sie wird viele Millionen Euro Gewerbesteuer einsparen – und Frankfurt dann vielleicht einen Bruchteil davon per CSR zurückgeben.
Kleine Taten dienen oft als Feigenblätter für große Unternehmen. Vergangenes Jahr schaltete der Ölkonzern Shell eine Anzeige, die eine Industriesilhouette mit Schornsteinen zeigt, aus denen Blumen wachsen. Der Text beschreibt, dass Shell mit überschüssigem $CO^2$ Blumen wachsen lasse und Schwefel zu Beton verarbeite. Das tut Shell wirklich – aber nur mit einer verschwindend geringen Menge seines Ausstoßes an Klimakillern. Inzwischen gibt es für so etwas einen einprägsamen Begriff: »Greenwashing«.

Shell wäscht sich besonders gründlich grün. »Wir helfen, die weltweite Energienach-frage in wirtschaftlich, ökologisch und sozial verantwortlicher Weise zu befriedigen«, tönt ausgerechnet jener Konzern, der dadurch von sich reden machte, dass er in Nigeria große Umweltschäden verursachte und Militäraktionen gegen seine Gegner akzeptierte. In Einzelfällen geht es mit den Chefs richtig durch. Ratiopharm gehört der Familie Merckle und stellt Nachahmer-Arzneien aus Wirkstoffen her, deren Patentschutz abge-laufen ist. Vor zwei Jahren warb der damalige Chef Philipp Merckle mit Sprüchen wie »Möglichkeit verpflichtet zu Liebe und Integrität«. Tatsächlich fließt ein Cent von jeder verkauften Pillenpackung in soziale Projekte wie die Stiftung Menschen für Menschen in Äthiopien. Es waren gute Taten – doch Merckle überdrehte. Er ließ verkünden, das »traditionelle gesellschaftliche Engagement von Rathiopharm« werde zum »bestimmen-den Inhalt« für das gesamte Unternehmen. »Damit stellt Ratiopharm sein Kerngeschäft, die Herstellung von erstklassigen und preiswerten Medikamenten, ganz ins Zeichen ei-nes zeitgemäßen Engagements.« Das ist in zweifacher Hinsicht kritisch zu sehen. Ers-tens haben die Projekte keinen Bezug zum Geschäft, und dann wurde auch noch be-hauptet, der ökonomische Erfolg sei zweitrangig – was entweder nicht ernst gemeint ist oder dem Unternehmen schadet, weil es die Arbeit der Mitarbeiter entwertet. Jüngst wurde Philipp Merckle von seinem Vater entlassen. Die Erlöse waren eingebrochen. Philipp Merckles Scheitern scheint allen recht zu geben, die fragen: Kann ein kapitalisti-sches Unternehmen gut sein? Und darf sich die Gesellschaft von den CSR-Umtrieben etwas erhoffen? Nein, erklärt der Ex-Arbeitsminister der USA und Politikprofessor Ro-bert Reich in seiner Attacke auf den »Superkapitalismus«: Ein Unternehmen habe nun einmal »die Aufgabe, das Spiel der Wirtschaft so aggressiv zu spielen wie möglich«. Und Big Business greife die CSR-Mode nur auf, um die Öffentlichkeit zu beschwichti-gen und Gesetze zu verhindern, die seine exorbitanten Profite beschneiden könnten. Reich tut gut daran, das CSR-Getue vieler Firmen anzuprangern. Aber er hat unrecht mit seiner grundlegenden Ablehnung, weil es immer verschiedene Wege zum Gewinn gibt. Unternehmen sind bei aller Gier der Aktionäre und Manager auch Gewohnheitstiere, und die CSR-Bewegung kann Routinen verändern. Gerade mit Blick auf den Klima-wandel liegt darin eine Chance.
Seit gut einem Jahr leugnet fast niemand mehr die zu erwartenden Katastrophen: Fluten, Stürme, Hunger und Krieg um Rohstoffe. Nichts hat Politiker der Industrienationen in den vergangenen eineinhalb Jahren so intensiv beschäftigt. Und doch sieht es so aus, als ob Hunderttausende von Unternehmen nicht allein durch Gesetze hinreichend verändert werden können. Auch zornige Konsumenten haben nicht die Macht oder das Stehver-mögen, um alle Konzerne zu nachhaltigem Handeln zu drängen.
Es muss etwas von innen geschehen, und genau das versucht Werner Wenning im Che-mie- und Pharmakonzern Bayer. Vor Kurzem hat der Vorstandschef gesagt, man werde in diesem und den beiden folgenden Jahren eine Milliarde Euro in klimarelevante For-schung stecken. Das klingt erst einmal schön – schön »grün«. Doch es ist mehr als das.

Wenning will, dass der Ressourcen fressende Koloss sich verändert. Rund 100 000 Mitarbeiter sollen lernen, langfristiger zu denken. Einige haben es schon gelernt.

**Verantwortlich handeln heißt für Bayer vor allem Energie sparen**
Bayer spuckt riesige Mengen Kunststoff aus und verteilt ihn in alle Welt: Polyurethan für Sessel, Polyacryl für Kleidung und Polycarbonate für große Dächer. Um diese Stoffe anzumischen, werden jährlich 1,8 Millionen Tonnen Chlor hergestellt. »Chlor ist, wenn Sie so wollen, die Pumpe der chemischen Industrie«, sagt Andreas Bulan. Er ist Verfahrenstechniker im Konzern und erklärt: »Sie brauchen das Chlor fast überall in der Produktion chemischer Grundstoffe.« Doch fürs Klima ist Chlor ein echtes Problem, und Bulan will es um ein Drittel verringern.
Der Weg zu ihm führt in den Bayer-Chemiepark, eine eigene, seltsame Stadt. (…) Bulan gibt Helm und Atemmaske aus. »Sollte etwas passieren, setzen Sie die schnell auf, und rennen Sie. In einer Chlorwolke ist man auch mit Maske in zwei Minuten tot.« Die Ingenieure wissen, mit was für einem Stoff sie umgehen, aber weil seit Jahrzehnten nichts mehr passiert ist, beunruhigt sie das Gift nicht. Eine andere Eigenschaft des Chlors nagte dagegen an den Ingenieuren: Fast 40 Prozent der gesamten Stromkosten von Bayer gehen auf seine Produktion zurück. Zehn Jahre lang haben sie dagegen angeforscht und viele Millionen Euro ausgegeben. Bulan sagt: »Im Lauf der Zeit standen wir mehrfach vor der Frage: Machen wir weiter, oder geben wir auf? Aber da haben uns die Umweltargumente weitergeholfen. Langfristig steigende Energiekosten. Immer härtere Gesetze. Am Ende haben wir das nötige Budget bekommen.«
Das Ergebnis beeindruckt nun auch frühere Skeptiker: Das neue Verfahren für die Chlorproduktion benötigt ein Drittel weniger Energie. (…) Traditionell wird Chlor aus Salzsäure oder Kochsalzlösung gewonnen. Unter Strom gesetzt, spaltet sich die Lösung dann in Wasserstoff und Chlor, was auch in dem neuen Verfahren geschieht. Doch schon in der Membran, durch die der Wasserstoff entweicht, reagiert er mit Sauerstoff und wird zu Wasser. Das ist das neue, energiesparende Kunststück, und was so einfach klingt, hat Jahre gebraucht, bis es mit Tonnen und Kubikmetern funktionierte. Doch nun ist es so weit. In Shanghai entsteht eine Großanlage, die mehr als 200 000 Tonnen im Jahr produzieren kann. So langfristig Bayer in der Chlorproduktion gedacht hat, der Fall ist eher die Ausnahme.
»Große Unternehmen praktizieren bisher nur teilweise echte CSR«, gibt die Beraterin Petra Kinzl ehrlich zu. Bei den Konzernen gebe es »kein perfektes Beispiel« eines Unternehmens, das auf allen Geschäftsfeldern vorbildlich agiere. Microsoft zeigt seinen vielschichtigen Umgang mit gesellschaftlicher Verantwortung, indem es auf der einen Seite Kinder in aller Welt im Umgang mit Computern schult, aber seine wettbewerbsfeindlichen Praktiken nur unter Strafandrohung aufgibt. Bayer finanziert gemeinnützige Projekte, die keinen ökonomischen Nutzen haben. In Ecuador gibt der Konzern Geld, um streunende Hunde einzufangen, in Singapur subventioniert er Zeitungsabonnements

für Studenten, und in Südkorea sponsert er eine Fußballschule. Es mag hart klingen, aber dieses Geld wäre im Sinne eines nachhaltigen, an den Unternehmenszweck gebundenen Engagements vermutlich besser eingesetzt.

Manche Firmen tun sich leichter mit ihrer Verantwortung als andere. Wenn man Waffen oder auf jugendliche Konsumenten zielende Alkoholmixgetränke herstellt, muss jedes soziale Vorhaben zynisch wirken. Familienunternehmer können ihre Firma oft leichter umlenken als Konzernmanager, die nur auf Zeit angeheuert werden.

Petra Kinzls Einschränkung trifft selbst auf einen Mann wie Götz Werner zu. Eigentlich gilt der Gründer der Drogeriemarkt-Kette dm als Vorbild dafür, wie Unternehmer gesellschaftliche Verantwortung wahrnehmen. Seine Mitarbeiter behandelt er deutlich besser, als es viele Konkurrenten tun, er zählt sie zum Kapital seines Unternehmens. Doch zu der Frage, ob er die Lieferanten für seine Eigenmarken nach ökologischen Kriterien aussuche, mochte sich Werner nicht äußern.

Manche Unternehmen wollen alle Vorteile – den guten Ruf bei Mitarbeitern und Kunden, die Ruhe vor Aktivisten, die Innovationen und die daraus folgenden nachhaltigen Gewinne, ohne den Preis dafür zu bezahlen. Aber das geht nicht. »Falls Unternehmen die Vorteile von CSR wollen, müssen sie sich langfristig darauf festlegen«, sagt die Hamburger Unternehmensberaterin und Ethik-Expertin Annette Kleinfeld. »Sie können nicht nach Belieben mal gut, mal böse sein.« Manche Manager sorgen sich allerdings, sie könnten die gewohnte Kontrolle verlieren. Dabei ist das Gegenteil der Fall. CSR kann sogar helfen, einen globalen Konzern besser zu lenken.

Der Erfolg von Beiersdorf begann mit einer Dose. (...) Seit fast hundert Jahren füllen sie bei Beiersdorf die Nivea-Creme hinein und schicken heute 120 Millionen Stück davon pro Jahr in alle Welt. Sven Scriba ist dafür verantwortlich, dass dabei alles glattgeht. (...) Und er hat erprobt, wie dünn die Dosenbleche werden können, ohne instabil zu wirken. »Die für die Kleinsten sind nur noch 0,21 Millimeter dick«, sagt Scriba. (...) Nicht überall auf der Welt arbeiten Männer wie Scriba für Beiersdorf. Doch der Vorstand ist davon überzeugt, dass er sie überall braucht. Deshalb machte er sich auf die Suche nach Methoden, um diesem Ziel näherzukommen – und fand eine überraschende Lösung: CSR. Denn man kann Mitarbeiter nicht nur anregen, verantwortungsvoller zu handeln. Wenn der Vorstand auch CSR-Kennzahlen einfordert, kann er besser lenken und den Konzern besser kontrollieren als je zuvor.

Seit einigen Jahren müssen die Tochtergesellschaften von Beiersdorf deshalb über ihren Umgang mit Rohstoffen und Umwelt genau Buch führen. Grundlage ist die »Gobal Reporting Initiative«, die von teilnehmenden Konzernen verlangt, mit Fakten zu belegen, wie nachhaltig sie wirtschaften. Die Ergebnisse werden jährlich veröffentlicht. Längst gelten konzernweit dieselben Richtlinien für Arbeitsschutz und den Umgang mit Mitarbeitern. Ende April werden neue Leitlinien nachhaltigen Wirtschaftens bei Beiersdorf veröffentlicht. Unter anderem wird darin erkennbar werden, welches gesellschaftliche Engagement im Sinne des Konzerns nützlich ist – und welches nicht.

**Konzerne wie Beiersdorf versprechen moralische Qualität**
Das alles tut der Konzern aus Verantwortung – und fürs Geschäft. Hinter Beiersdorf liegen gute Jahre. Zuletzt stieg der Umsatz auf 5,5 Milliarden Euro, das operative Ergebnis erhöhte sich auf 616 Millionen Euro. Das ist gelungen, obwohl die mehr als hundert Kosmetikprodukte eine echte Schwäche haben. Diese Schwäche verbindet Nivea-Creme und Bodylotion, Anti-Aging-Gel und Mascara: In ihrer Substanz unterscheiden sich die Produkte von denen der Konkurrenz nicht sonderlich. »Wir sind im Markt in einem harten Verdrängungswettbewerb«, sagt Peter Kleinschmidt, der für Personal und Umwelt zuständige Vorstand. »Unser Erfolg hängt sehr davon ab, dass unsere Verbraucher uns treu sind. Sie bewerten, ob wir Mitarbeiter und Umwelt gut behandeln.« Immer glaubwürdig bleiben. Verträglich sein. Nie das in das Unternehmen gesetzte Vertrauen missbrauchen. Das verspricht Beiersdorf nun für den ganzen Konzern – es ist eine Art moralisches Qualitätsversprechen. Deshalb gibt man den Mitarbeitern neue Regeln an die Hand und zwingt sie, den Abfall des Konzerns genau zu erfassen. Deshalb baute man in Indonesien eine biologische Wasseraufbereitungsanlage, obwohl es die dortigen Umweltgesetze nicht verlangen. »Das ist keine Zweckentfremdung von Geld, das Aktionären zusteht, es ist eine sinnvolle Investition«, sagt Kleinschmidt. Der Konzern dürfe das Nivea-Versprechen nirgendwo brechen. Nirgendwo auf der Welt.
In Davos spielte die soziale Verantwortung der Kapitalisten wie jedes Jahr eine große Rolle. Die Chefin von Pepsi, Indra Nooyi, hat von einer sozialen Kampagne erzählt, die unter den 170000 Pepsi-Angestellten »enorme Gefühle freigesetzt« hätte. Soziales Verhalten mache ein Unternehmen attraktiv für gute junge Leute, ergänzt sie.
Für Hannah Jones ist das zu viel Geschwafel. Als die Pepsi-Chefin fertig ist, redet Jones mit lauter werdender Stimme im Zuschauerraum Klartext. »Es geht ums Geschäft. Um Wachstum. Ja, was denn sonst?« Nur etwas nachhaltiger als gewohnt. Etwas gerechter. Und auch etwas grüner.

aus: DIE ZEIT Nr. 14 / 27. März 2008. Wirtschaft, S. 19 (www.aktive-buergerschaft.de/vab/informationen/newsletter/artikelsammlung/2008-03-31.php; 25.09.2009)

**Aufgaben zur Weiterarbeit**
1. Besprechen Sie bitte die wesentlichen Inhalte des Textes miteinander!
2. Definieren Sie bitte, was Corporate Social Responsibility bedeutet!
3. Wie beantworten Sie die Frage: Können Unternehmen gut sein?
4. Diskutieren Sie die These: Gute CSR steigert den Wert des Unternehmens!
5. Was halten Sie von Standards bzw. Selbstverpflichtungsregeln für sozial- und umweltverträgliches Handeln?

# Wertemanagement

## Initiative zur bundesweiten Einführung von
## Wertemanagementsystemen am Bau gestartet
Dipl.-Ing. Richard Weidinger, Vorsitzender des EMB-Wertemanagement Bau e.V.

Mit einem Bekenntnis zu Fairness, Offenheit, Ehrlichkeit, Vertrauenswürdigkeit und Integrität hat die deutsche Bauindustrie am 21. März [2007; A.Gö.] die bundesweite Einführung von Wertemanagementsystemen in der Bauwirtschaft gestartet. Die Förderung von Wertemanagement in der Bauwirtschaft ist Teil der Initiative „Qualität und Integrität", zu der auch die Entwicklung eines qualitätsorientierten Vergaberechts, die Förderung von partnerschaftlichem Verhalten von Auftraggebern, Planern und bauausführenden Unternehmen sowie die Präqualifikation auf Bieterseite zählen. Vorbild für Wertemanagement im Baubereich sind die Erfahrungen des beim Bayerischen Bauindustrieverband angesiedelten Trägervereins „EMB-Wertemanagement Bau e.V."
Was waren die Grundüberlegungen, die unter wissenschaftlicher Beratung der beiden renommierten Wirtschaftsethiker Prof. Dr. Dr. Karl Homann und Prof. Dr. Josef Wieland bereits im Jahr 1996 zu dieser Initiative geführt haben?

### EMB-Wertemanagement ist ordnungspolitische Antwort auf staatlichen Strafanspruch

Das EMB-Wertemanagement ist die richtige Antwort auf den Kontrollanspruch des Staates in einer gewinnorientierten Wirtschaft. Das EMB erkennt das oberste Unternehmensziel an, nachhaltig wirtschaftlichen Erfolg zu erzielen und Gewinne zu machen. Bei dem Gewinnstreben handelt es sich um ein grundlegendes Prinzip unserer sozialen Marktwirtschaft. Für dieses gewinnorientierte Wirtschaften gibt der Staat einen rechtlichen Ordnungsrahmen vor, sagt, was erlaubt und verboten ist. Dabei besteht die Tendenz, dass dieser Ordnungsrahmen immer komplizierter und verworrener wird, wodurch die Abgrenzung zwischen rechtlich zulässigem und unzulässigem Handeln immer schwieriger wird. So wie das Recht allgemein immer schwerer verständlich wird, wird es gerade für die Mitarbeiter von Unternehmen immer schwieriger, die Rechtsordnung zu durchschauen und ihr Handeln danach auszurichten. Gleichzeitig besteht seitens des Staates eine permanente Tendenz zu Strafverschärfungen, also zur Verstärkung des Gedankens der Generalprävention, beispielsweise durch die Einführung des Straftatbestandes „Wettbewerbsbeschränkende Absprachen bei Ausschreibungen" (§ 298 StGB). Das EMB-Wertemanagement tritt dem mit einem Verweis auf das Verhältnismäßigkeits- bzw. Subsidiaritätsprinzip entgegen: Der Staat soll mit seinem Wirtschaftsstrafrecht erst dann eingreifen müssen, wenn die Wirtschaft das Problem der Verhinderung von Rechtsverstößen nicht selbst lösen kann.

**EMB-Wertemanagement nicht nur Compliance-Strategie, sondern umfassender werteorientierter Managementansatz**
Das EMB-Wertemanagement aber nur als Maßnahme zur Korruptionsbekämpfung aufzufassen, wäre bei weitem zu kurz gegriffen. Ein solches werteorientiertes Managementsystem darf nicht auf Compliance oder gar bloße Exkulpationsstrategien reduziert werden. Das EMB-Wertemanagement ist vielmehr ein Mittel, nach außen und nach innen zu signalisieren und auch zu dokumentieren, dass das Unternehmen sich fair verhalten und entsprechende Anstrengungen unternehmen will. Wer in seinem Unternehmen ein Werteprogramm etabliert, kann seine Reputation als vertrauenswürdiger und fairer Partner schützen und entwickeln und somit seine Position im Markt unter den sich permanent verändernden Wettbewerbsbedingungen festigen. Die schriftliche Fixierung des Werteprogramms, seine Implementierung im Unternehmen, die Dokumentation der damit verbundenen Anstrengungen und die externe Auditierung unterstreichen für jeden nachvollziehbar die Glaubwürdigkeit dieser Aktivitäten.

**EMB-Wertemanagement besonders für dezentral organisierte Bauwirtschaft von Bedeutung**
Genau hier ist die Schnittstelle zu den Anforderungen aus dem Strukturwandel der Bauwirtschaft mit ihren überwiegend dezentralen Organisationsstrukturen. Denn gerade hier können Aufsichtsmaßnahmen von der Unternehmenszentrale aus schwierig durchzusetzen und deshalb rechtlich anzweifelbar sein. Mehr Effizienz versprechen hier für die einzelnen Mitarbeiterebenen vorgegebene Wertestrukturen – man könnte auch sagen eine kodifizierte Unternehmenskultur – die die Frage beantwortet, wie möchte ich, dass die Mitarbeiter miteinander und mit Kunden, ja mit allen am Bau Beteiligten umgehen.

**Die vier verpflichtenden Elemente des EMB-Wertemanagements Bau**
Welche Anforderungen stellt nun ein solches Wertemanagament? Es besteht aus mindestens vier verpflichtenden Elementen:
- *Kodifizierung*
In einer Grundwerteerklärung werden kodifizierte Verhaltensstandards, die die Werte festlegen, von denen sich ein Unternehmen in seiner Geschäftspraxis gegenüber Kunden, Partnern, Mitarbeitern und der Öffentlichkeit leiten lässt, niedergelegt.
- *Implementierung*
Die praktische Umsetzung der Grundwerteerklärung erfolgt durch Verhaltensstandards u.a. zu den Bereichen Rechtstreue und Integrität, Umgang mit Geschenken und Zuwendungen, Ablehnung wettbewerbsbeschränkender Absprachen, Umgang mit Lieferanten, Nachunternehmen und Auftraggebern. Bei der praktischen Umsetzung der Verhaltensstandards ist das wichtigste Instrument hierfür deren formale Integration in das Arbeitsverhältnis. Es ist Aufgabe der Führungskräfte, die Verhaltenstandards vorzuleben und zu kommunizieren. Durch Schulungen werden die relevanten Mitarbeiter über Inhalt und

Konsequenzen des Wertemanagementsystems und der einschlägigen Rechtsvorschriften für ihre Tätigkeit informiert.

*- Kontrolle*

Ernsthaftigkeit und Vertrauenswürdigkeit des Wertemanagementsystems hängen entscheidend von der Kontrolle der Umsetzung ab. Aus diesem Grund wird ein externes Audit durchgeführt. Grundlegend hierfür ist jedoch eine interne Kontrolle des Umsetzungsprozesses, ob eine gelebte Geschäftskultur umgesetzt wird. Die Unternehmensleitung ist mindestens einmal jährlich über die Umsetzung des Wertemanagementsystems zu unterrichten. Die Einzelheiten des externen Audits regelt eine Audit-Richtlinie.

*- Organisation*

Ein Mitglied der Unternehmensleitung trägt die Verantwortung für das Wertemanagement und ist in dieser Funktion allen Mitarbeitern bekannt. Dieses Mitglied der Unternehmensleitung ist insbesondere für die strategische Integration des Wertemanagementsystems, dessen operative Umsetzung durch die Mitarbeiter und die Lösung von damit einhergehenden Konflikten verantwortlich. Die operative Umsetzung kann je nach Größe und Art des Unternehmens an die nächste Führungsebene delegiert werden. Die notwendigen personellen und materiellen Ressourcen für eine erfolgreiche Durchführung des Wertemanagementsystems sind durch die Unternehmensleitung sicherzustellen.

**Unterscheidung zwischen EMB-Mitgliedschaft und EMB-Auditierung**

Im Hinblick auf die Erarbeitung und Implementierung eines Wertemanagementsystems ist von großer Bedeutung, zwischen Firmen, die nur EMB-Mitglied sind, und Unternehmen, die sich dem externen Audit unterzogen haben, zu unterscheiden. Denn die Ergebnisse des Auditverfahrens werden einem Audit-Ausschuss vorgelegt, der darüber entscheidet, ob die geprüften Unternehmen eine Urkunde über die erfolgreiche Auditierung erhalten oder nicht. Erst diese Urkunde ist sozusagen das „EMB-Gütesiegel". Den Vorsitz in dem Audit-Ausschuss hat die frühere Bayerische Staatsministerin der Justiz, Frau Dr. Mathilde Berghofer-Weichner, inne.

**EMB-Wertemanagement steigert Unternehmensprofitabilität**

Die auditierten EMB-Mitglieder bestätigen die positiven Auswirkungen des im Unternehmen eingerichteten Werteprogramms. So hätten sich insbesondere Kommunikation, Führungsstil, Informationsoffenheit, selbstständiges Wahrnehmen von Verantwortlichkeiten und Rechtssicherheit sowohl firmenintern als auch bei allen Arten von Geschäftskontakten spürbar verbessert. Ein solches Wertemanagement ist damit eine Investition in die Erfolgsfähigkeit des Unternehmens. Durch Senkung interner und externer Transaktionskosten, Verringerung von Schnittstellenkosten und Vermeidung von Risiken steigt die Profitabilität.

**Anerkennung und Akzeptanz des EMB bei Politik und Verwaltung**
Was die Akzeptanz und Anerkennung bei Politik, Verwaltung, verschiedenen Auftraggebern und diversen Fachkreisen betrifft – kurz in seiner gesamten Außenwirkung –
kann das EMB-Wertemanagement durchaus als Erfolgsstory bezeichnet werden. Seine
Akzeptanz und Anerkennung zeigt sich z.B. darin, dass bei dem Präqualifikationsver-
fahren der Deutschen Bahn AG in dem Fragebogen Stufe 1 die EMB-Auditierung als
ein Nachweis zur Ergreifung von Maßnahmen zur Korruptionsvermeidung im
Unternehmen anerkannt wird. Auch in der neu gefassten bayerischen
Korruptionsbekämpfungsrichtlinie vom April 2004 werden u.a. Maßnahmen im Rahmen
eines EthikManagements als geeignet angesehen, um nach einem Vergabeausschluss die
Wiederzulassung zu öffentlichen Aufträgen zu erreichen.

**Übernahme des EMB-Wertemanagements durch Hauptverband der Deutschen
Bauindustrie**
Vor dem Hintergrund der positiven Erfahrungen hat sich die deutsche Bauindustrie ent-
schlossen, das EMB-Wertemanagement mit seinem bisher bayerischen Schwerpunkt auf
der Ebene des Hauptverbandes der Deutschen Bauindustrie zu einer Initiative für die
Bauindustrie in ganz Deutschland zu machen.

**Fazit:** EMB-Wertemanagement ist nicht nur eine wirksame Initiative zur Verhinderung
von Manipulation und Korruption, sondern ein umfassender werteorientierter Managementansatz in der Bauwirtschaft. Die Ausrichtung des Unternehmens an Wertvorstellungen und deren Implementierung in die maßgeblichen Unternehmensstrukturen ist
Voraussetzung für nachhaltigen wirtschaftlichen Erfolg in der Bauindustrie.

aus: www.ibr-rgb.de - ibr Mai 2007, S.2-3 (07.07.2009)


**Aufgaben zur Weiterarbeit**
1.  Besprechen Sie bitte die wesentlichen Inhalte des Textes miteinander und
    skizzieren Sie die Elemente des EMB-Wertemanagementsystems!
2.  Welche Ziele werden mit dem EMB-Wertemanagementsystem verfolgt?
3.  Welche Elemente erscheinen Ihnen unschlüssig oder übermäßig aufwendig?
4.  Wie verhält sich das EMB-Wertemanagementsystem zum staatlichen
    Wirtschaftsrecht?
5.  Wie würden Sie das Verhältnis von Recht und Ethik der Wirtschaft
    beschreiben?

# LITERATUR

**Albach**, Horst (Hrsg.) (2005): Unternehmensethik und Unternehmenspraxis (Zeitschrift für Betriebswirtschaft [Jg. 75], Special Issue 5), Wiesbaden: Gabler

**Backhaus-Maul**, Holger u.a. (2008): Corporate Citizenship in Deutschland. Bilanz und Perspektiven, Wiesbaden: Verlag für Sozialwissenschaften

**Bausch**, Thomas u.a. (Hrsg.) (2004): Wirtschaft und Ethik, Münster: LIT

**Beschorner**, Thomas & **Schmidt**, Matthias (Hrsg.) (2008): Corporate Social Responsibility und Corporate Citizenship. München und Mering: Hampp, 2. Aufl.

**Bien**, Günther (1990): Die aristotelische Ökonomik und die moderne Ökonomie, in: Moral als Kapital. Perspektiven des Dialogs zwischen Wirtschaft und Ethik, Katholische Akademie Stuttgart, Stuttgart, 211-234

**Bohlander**, Hanswalter (Hrsg.) (2004): Werte im Unternehmensalltag erkennen und gestalten (DNWE-Schriftenreihe Folge), München und Mering: Hampp

**Bronner**, Rolf (1999): Planung und Entscheidung. Grundlagen – Methoden – Fallstudien, München & Wien: Oldenbourg-Verlag, 3. völlig überarb. Aufl.

**Clausen**, Andrea (2009): Grundwissen Unternehmensethik. Ein Arbeitsbuch, Tübingen und Basel: A. Francke

**Dahrendorf**, Ralf (1977): Homo sociologicus. Ein Versuch zur Geschichte, Bedeutung und Kritik der sozialen Rolle, Opladen: Westdeutscher Verlag, 15. Aufl.

**Dallmann**, Hans-Ulrich (2001): Ethik in Pflegeberufen: Studienbrief – erstellt im Rahmen des Berufsbegleitenden Studiengangs „Pflegepädagogik" für Personen mit Weiterbildung als Lehrkraft für Pflegeberufe, Ludwigshafen a.Rh.: Evangelische Fachhochschule Ludwigshafen

**Degen**, Johannes (1994): Diakonie als soziale Dienstleitung, Gütersloh: Chr. Kaiser/Gütersloher

**Dürndorfer** Martina & **Friederichs**, Peter (Hrsg.) (2004): Human Capital Leadership: Strategien und Instrumente zur Wertsteigerung der wichtigsten Ressource von Unternehmen, Hamburg: Murmann

**Eigenstetter**, Monika (Hrsg.) (2005): Wirtschafts- und Unternehmensethik – ein Widerspruch in sich?, Kröning: Asanger

**Eisenführ**, Franz & **Weber**, Martin (1999): Rationales Entscheiden, Berlin u.a.: Springer, 3. neub. und erw. Aufl.

**Enderle**, Georges (Hrsg.) (1993): Lexikon der Wirtschaftsethik, Freiburg i.Br. u.a.: Herder

**Fenner**, Dagmar (2008): Ethik, Tübingen: Narr, Francke, Attempto

**Fischer**, Michael & **Hammer**, Richard (Hrsg.) (2007): Wirtschafts- und Unternehmensethik (Ethik transdisziplinär Bd. 5), Frankfurt am Main u.a.: Lang

**Friske**, Cindy & **Bartsch**, Elmar & **Schmeisser**, Wilhelm (2005): Einführung in die Unternehmensethik. Erste theoretische, normative und praktische Aspekte. Lehrbuch für Studium und Praxis, München und Mering: Rainer Hampp

**Göbel**, Elisabeth (2006): Unternehmensethik: Grundlagen und praktische Umsetzung, Stuttgart: Lucius & Lucius

**Habermas**, Jürgen (1991): Erläuterungen zur Diskursethik, Frankfurt a.M.: Suhrkamp

**Hentig**, Hartmut von (2001): Ach, die Werte! Über eine Erziehung für das 21. Jahrhundert, Weinheim: Beltz & Gelberg

**Heuser**, Uwe Jean (2008): Humanomics. Die Entdeckung des Menschen in der Wirtschaft, Frankfurt a.M./New York: Campus

**Höffe**, Ottfried (1999): Lesebuch zur Ethik, München: Beck, 2. Aufl.

**Homann**, Karl & **Lütge**, Christoph (2005): Einführung in die Wirtschaftethik (Einführungen: Philosophie 3), Münster: Lit, 2. Aufl.

**Huber**, Wolfgang (1999): Gerechtigkeit und Recht. Grundlinien christlicher Rechtsethik, Gütersloh: Kaiser Gütersloher, 2. durchges. Aufl.

**Jähnichen**, Traugott (2008): Wirtschaftsethik. Konstellationen, Verantwortungsebenen, Handlungsfelder, Stuttgart: Kohlhammer

**Jonas**, Hans (1979): Das Prinzip Verantwortung. Versuch einer Ethik für die technologische Zivilisation, Frankfurt a.M.: Insel

**Karmasin**, Matthias & **Litschka**, Michael (2008): Wirtschaftsethik – Theorien, Strategien, Trends (Einführungen: Wirtschaft 8), Münster u.a.: LIT

**Klein**, Stefan (2009): Der Wespenversteher, in: DIE ZEIT Nr. 08 vom 12.02.2009, S. 18-23

**Klopfer**, Max (2008): Ethik-Klassiker von Platon bis John Stuart Mill, Stuttgart: Kohlhammer

**Knoepffler**, Nikolaus u.a. (Hrsg.) (2006): Einführung in die Angewandte Ethik, Freiburg i.Br.: K. Alber

**König**, Matthias (2003): Diskursbezogene Unternehmensethik: philosophische Begründung, vermittelnde Anwendung, Umsetzung (Schriftenreihe für Wirtschafts- und Unternehmensethik Bd. 5), München und Mering: Hampp

**Korff**, Wilhelm (Hrsg.) (1999): Handbuch der Wirtschaftsethik Band 1-4, Gütersloh: Gütersloher Verl.-Haus Mohn

**Koslowski**, Peter & **Priddat** Birger P. (Hrsg.) (2006): Ethik des Komsums, München: W. Fink

**Kuhlen**, Beatrix (2005): Corporate Social Responsibility (CSR). Die ethische Verantwortung von Unternehmen für Ökologie, Ökonomie und Soziales: Entwicklung, Initiativen, Berichterstattung, Bewertung, Baden-Baden: Dt. Wissenschaftsverlag

**Kunze**, Max (2008): Unternehmensethik und Wertemanagement in Familien- und Mittelstandsunternehmen. Projektorientierte Analyse, Gestaltung und Integration von Werten und Normen, Wiesbaden: Gabler

**Lachmann**, Werner (2006): Wirtschaft und Ethik: Maßstäbe wirtschaftlichen Handelns aus biblischer und ökonomischer Sicht (Marktwirtschaft und Ethik Bd. 11), Berlin, Münster: Lit

**Nida-Rümelin**, Julian (Hrsg.) (2005): Angewandte Ethik. Die Bereichsethiken und ihre theoretische Fundierung. Ein Handbuch, Stuttgart: A. Kröner, 2. vollst.überarb. Aufl.

**Noll**, Bernd (2002): Wirtschafts- und Unternehmensethik in der Marktwirtschaft, Stuttgart u.a.: Kohlhammer

**Nutzinger**, Hans G. (Hrsg.) (1999): Wirtschafts- und Unternehmensethik. Kritik einer neuen Generation: zwischen Grundlagenreflexion und ökonomischer Indienstnahme (DNWE-Schriftenreihe Folge 5), München und Mering: Hampp

**Oermann**, Nils Ole (2007): Anständig Geld verdienen? Protestantische Wirtschaftsethik unter den Bedingungen globaler Märkte, Gütersloh: Gütersloher Verlagshaus

**Pieper**, Annemarie (2007), Einführung in die Ethik, Tübingen u.a.: Francke, 6. überarb. u. akt. Aufl.

**Rautenberg**, Stephanie A. (2007): Perspektiven der Unternehmensethik, London: Turnshare

**Rawls**, John (1979): Eine Theorie der Gerechtigkeit, Frankfurt a.M.: Suhrkamp Taschenbuch

**Rich,** Arthur (1987): Wirtschaftsethik Bd. 1, Grundlagen in theologischer Perspektive, Gütersloh: Gütersloher / Mohn, 3. Aufl.

**Rich,** Arthur (1990): Wirtschaftsethik Bd. 2, Marktwirtschaft, Planwirtschaft, Weltwirtschaft aus sozialethischer Sicht, Grundlagen in theologischer Perspektive, Gütersloh: Gütersloher / Mohn

**Röhr**, Thomas (1998): Personalpolitik aus Sach- und Menschengerechtem, Gütersloh: Kaiser / Gütersloher

**Schäfers**, Stefan (2004): Internationale Unternehmensethik. Der Umgang mit moralisch begründeten Forderungen an international operierende Unternehmen, Münster: Lit

**Schuhmacher**, Wolfgang (2006): Theologische Ethik als Verantwortungsethik. Leben und Werk Heinz Eduard Tödts in ökumenischer Perspektive, Gütersloh: Gütersloher

**Segbers**, Franz (2002): Die Hausordnung der Tora. Biblische Impulse für eine theologische Wirtschaftsethik, Luzern: Edition Exodus, 3. durchges. Aufl.

**Stehr**, Nico (2007): Die Moralisierung der Märkte. Eine Gesellschaftstheorie, Frankfurt a.M.: Suhrkamp

**Steinmann**, Horst & **Löhr**, Albert (1994): Grundlagen der Unternehmensethik, Stuttgart: Schäffer-Poeschel

**Steinmann**, Horst & **Zerfass**, Ansgar (1993): Art. Unternehmensethik, in: Lexikon der Wirtschaftsethik hg.v. Georg Enderle, Freiburg i.Br. u.a.: Herder, 1113-1122

**Suchanek**, Andreas (2007): Ökonomische Ethik. Tübingen: Mohr Siebeck (UTB)

**Tödt**, Heinz Eduard (1977): Versuch zu einer Theorie ethischer Urteilsfindung, in: Zeitschrift für Evangelische Ethik 21, 81-93

**Tödt**, Heinz Eduard (1988): Perspektiven theologischer Ethik, München: Kaiser

**Ulrich**, Peter (2001): Integrative Wirtschaftsethik − Grundlagen einer lebensdienlichen Ökonomie, Bern u.a.: Haupt

**Unger**, Fritz [2007]: Wirtschaftsethik (Betriebswirtschaftliche Schriftenreihe der Berufsintegrierenden Studiengänge (BIS) an der Fachhochschule Ludwigshafen am Rhein Bd. 1), Ludwigshafen a.Rh.: Eigendruck

**Waibl**, Elmar (2005): Angewandte Wirtschaftsethik, Wien: WUV-Univ.-Verl. (UTB)

**Weber**, Max (2004): Politik als Beruf, Stuttgart: Reclam

**Wieland**, Josef (2004): Handbuch Wertemanagement. Erfolgsstrategien einer modernen Corporate Governance, Hamburg: Murmann

**Wolf**, Walter (2009): Für eine sozial verantwortbare Marktwirtschaft. Der Wirtschaftsethiker Arthur Rich, Zürich: TVZ

**Zeitverlag** (2005): DIE ZEIT. Das Lexikon in 20 Bänden, Hamburg/Mannheim: Zeitverlag Gerd Bucerius / Bibliographisches Institut

**Zimmerli**, Walter Ch. & **Aßländer**, Michael (1996): Wirtschaftsethik, in: Julian Nida-Rümelin (Hrsg.), Angewandte Ethik. Die Bereichsethiken und ihre theoretische Fundierung, Stuttgart: Kröner, 290-344